Traudi Schlitt

Alles bestens

... der Wahnsinn geht weiter!

50 Kolumnen aus dem Leben

Bibliographische Information der Deutschen Nationalbibliothek

Die Deutsche Nationalbibliothek verzeichnet diese Publikation in der Deutschen Nationalbibliographie, detaillierte bibliographische Daten sind im Internet über http://dnb.d-nb.de abrufbar.

1. Auflage: November 2015

2. Auflage mit neuem Cover: November 2023

Umschlaggestaltung: Traudi Schlitt

Foto: Merci Photography by Steffi Wittich

Herstellung und Verlag: BoD - Books on Demand, Norderstedt

ISBN: 9783739202037

Schon wieder für meine Familie. Dieses Mal besonders für meine Schwiegermutter und meine Mutter - stellvertretend für alle Frauen, die mich tagtäglich inspirieren. Schön, dass es euch gibt!

VORWORT

Eine Fortsetzung von etwas zu veröffentlichen, ist gar nicht so leicht. Während die erste Veröffentlichung noch von so einer schönen Mischung aus Abenteuer und Leichtigkeit umweht wird, stellen sich bei der zweiten Fragen über Fragen. Wartet da jetzt überhaupt einer drauf? Braucht es wieder eine Widmung und ein Vorwort? Und wenn ja, wem außer meiner Familie gebührte wohl die zweifelhafte Ehre einer Widmung, und was war im ersten Vorwort noch nicht gesagt worden oder was müsste man wiederholen, falls jemand das zweite Buch vor dem ersten kauft? Und welche Texte wählt man überhaupt aus, wenn die vermeintliche erste Wahl schon verbraucht ist?

Wie Sie sehen können, habe ich auf alles eine Antwort gefunden, wenn auch unter großen Anstrengungen. Und mit der ersten oder zweiten Wahl ist das ja so eine Sache. Denn erstens sind seit Erscheinen meines erstens Werkes ja fast 25 neue Kolumnen dazugekommen und zweitens war die Auswahl für „Alles Gute" ja natürlich völlig wertfrei. Keine Lieblingskolumnen oder so, sondern ein fast zufälliges Schöpfen aus dem Vollen, das ich hinterher fein sortiert habe.

Fein sortiert ist auch die Fortsetzung. Die Jahreszeiten haben wieder einen festen Platz gefunden, dieses Mal gänzlich ohne den Herbst, der schon im letzten Buch nur sehr spärlich vertreten war. Und auch der Familie gebührt wieder ein ganz besonderer Platz. Schließlich liefert sie ja nach wie vor jede Menge Inspiration. Und weil es ja in erster Linie um den Alltag geht, kriegt er dieses Mal ein eigenes Kapitel. Neu ist auch die Rubrik „Zeitgeschichte(n)". Ich habe gemerkt, dass ich manchmal ganz schön in Erinnerungen schwelge. Ist doch klar, dass ich die mit Ihnen teile! Genauso wie alles, was mich sonst noch so ereilt und mich immer wieder vor die Frage stellt: „Geht das nur mir so?". Dieses Mal habe ich im Inhaltverzeichnis übrigens angegeben, wann die Texte erschienen sind – manchmal erscheint mir das nämlich gar nicht mal so unwichtig für das Verständnis.

Und warum nun überhaupt eine Fortsetzung? Weil es so viel Spaß gemacht hat, natürlich. Mit dem Erscheinen von „Alles Gute", meinem ersten Buch, haben sich mir völlig neue Welten eröffnet. Ich bekam noch mehr meist sehr freundliche Rückmeldungen und Kommentare, hatte viele schöne Begegnungen mit meinen Leserinnen und auch manchen Lesern (!), die mich wiederum zu vielen neuen Texten inspiriert haben. Noch dazu durfte ich mit vielen netten Menschen zusammenarbeiten, allen voran die tollen Musikerinnen und Musiker, mit denen ich bisher mit meinen Texten aufgetreten bin. Und außerdem waren die Kolumnen ja sowieso schon fertig, aber das natürlich nur am Rande...

In der Tat also „Alles bestens", wie der Titel von Band 2 meiner Kolumnensammlung besagt. Ich hoffe, Sie stimmen mir da zu!

Ihre Traudi Schlitt

INHALTSVERZEICHNIS

DIE DREI JAHRESZEITEN

Weltuntergang

Na, alle noch an Bord? Niemand beim Weltuntergang verloren gegangen? Puh, da bin ich aber froh, dass wir noch mal davon gekommen sind! Das können schließlich nicht alle von sich behaupten: Beim letzten Weltuntergang vor 65 Millionen Jahren sind sogar die Dinosaurier von der Erde verschwunden und die waren auf den ersten Blick erheblich stärker als wir Menschen. Und vorher gab es schon vier andere Weltuntergänge, wie die seriöse Sendung Quarks kürzlich mitteilte. Irgendwie könnte man sich da doch vorstellen, dass es tatsächlich bald wieder mal Zeit wäre für einen großen Wandel auf der Erde. Und manchmal, wenn ich meinen bösartigen Tag habe und mir manche Zeitgenossen – Sie, liebe Leser, natürlich ausgenommen – anschaue, dann finde ich, wäre es gar nicht mal so ein großer Verlust, wenn die Erde bis zum nächsten Untergang mal ein bisschen ohne Menschen weitermachen würde. Aber letztlich ist alles müßig – schließlich waren sich ja die meisten Forscher aller Disziplinen einig, dass der Kalender der Maya zwar am 21.12.2012 zu Ende geht, dass dann aber eben ein neuer Kalender zum Einsatz kommt – oder so ähnlich. Das machen wir ja auch so, wenn unser alter Kalender abgelaufen ist.

Jedenfalls haben die noch lebenden Maya von allen Menschen am wenigsten Angst vor dem Weltuntergang, und falls Sie in der glücklichen Verfassung sind, dies heute zu lesen, dann hatten die mit ihrer Nonchalance ja auch recht. Es sind wohl eher die Fortschrittsgläubigen der westlichen industrialisierten Welt, die sich – ähnlich wie bei der Y2K-Manie, wir erinnern uns, der Panik beim Jahrtausendwechsel – wohl immer mal wieder zumindest mental auf ein Horrorszenario einstellen wollen.

Was würden Sie tun, wenn Sie wüssten, dass tatsächlich in naher Zukunft die Welt untergeht? So lautete immer wieder die Frage in Talkshows, Internetforen, Gemeindebriefen. Spannende Frage, ohne Zweifel. Aber viel interessanter fand ich, was ich persönlich alles lassen würde, wenn ich wüsste, dass nicht mehr viel Zeit bleibt. Ein Blick auf die dunkelrot blinkenden unerledigten Aufgaben meiner realen und imaginären To-do-Listen gab da doch einiges her: Keinesfalls würde ich noch schnell die Steuererklärung für das Jahr 2011 machen und auch nicht die Ablage aus diesem und dem aktuellen Jahr. Genauso wenig würde ich die Küchenschränke aufräumen und auswaschen, ein Vorhaben, das schon viele Jahre auch ohne Weltuntergang gescheitert ist. Ich würde nicht mehr den Gefrierschrank abtauen und meine Stapel an Flickwäsche abarbeiten. Ich würde auch nicht den Keller und den Dachboden aufräumen, und ich würde sicherlich keinen Blick mehr in die Schulranzen meiner Kinder werfen und dort nach Versäumnissen suchen. Auch die Zustände in den Kinderzimmern, besonders unter den Betten und in den Sammelboxen würde ich guten Gewissens ignorieren und....

Ach, wie angenehm, wenn man mal den ganzen gedanklichen Ballast abwerfen kann, weil es ja bald ohnehin egal ist, und man es sich bis dahin einfach nur noch schön machen soll! Vielleicht sollte man sich öfter so benehmen, als wäre bald Weltuntergang – das klingt nämlich echt entspannt!

Kurzfristig hatte ich überlegt, den Heiligen Abend vorzuziehen, da ich natürlich trotz möglichen Weltuntergangs jede Menge Geschenke besorgt hatte und es doch schade gewesen wäre, wenn sie alle unverschenkt mituntergegangen wären. Aber dann hätte ich ja am Heiligen Abend nichts mehr gehabt, wenn die Welt dann doch nicht untergegangen wäre, und das wäre ja noch blöder gewesen. Sehr kompliziert! Also habe ich – so wie Sie wahrscheinlich auch – so getan, als würde schon nichts passieren. Obwohl: Als ich in diesen Tagen so in den Erlen unterwegs war, die Schwalm voll von grauem, geschmolzenem Schnee, die Bäume karg und bedrohlich im Wind, da dachte ich: „Wer weiß, wer weiß...." Erich von Däniken, der alte Schwede, hatte sich übrigens anlässlich des Weltuntergangs auch zu Wort gemeldet. Er glaubt, dass die Maya nicht mit dem Untergang der Welt, sondern dem Wiedererscheinen eines Außerirdischen namens Bolon Yokte rechnen. Hat den vielleicht schon mal jemand von Ihnen gesehen? Und hätte man, wenn schon mal ein Außerirdischer zu Besuch kommt, nicht vielleicht doch noch putzen sollen? Egal, ab sofort ist der Weltuntergang ja vorbei, die alten To-do-Listen haben es auch überstanden und blinken immer noch heftig. Ganz oben steht gerade „Weihnachten feiern", „Freunde treffen", „Es sich schön machen" – der Weltaufgang wartet!

11

Frohes Neues

„Frohes Neues" – jetzt ist es vermutlich schon wieder das – hoffentlich noch frohe – Alte: Drei Wochen hat es schon auf dem Buckel und wenn es wahrscheinlich auch hier und dort stürmisch, laut, fröhlich, wackelig, unerwartet und mit jeder Menge neuer Hoffnung und guter Vorsätze angefangen hat, so alltäglich wird es auch wieder werden, das Jahr 2014. Und ob alles Neue auch tatsächlich froh ist oder wenigstens froh macht, das ist ja auch nicht immer garantiert. Da heißt es, Humor bewahren. Humor, finde ich, ist wichtiger als Contenance. Loslachen besser als runterschlucken. Wie das gelingt? Ganz einfach: mit Blechschildern. Unsere Wohnung zieren jede Menge davon, und überall jagt eine Lebensweisheit die andere. Das geht morgens vor dem Spiegel schon los: Scheiße aussehen geht nicht, denn über meinem großen Wandspiegel ruft es mir zu „A smile is the prettiest thing you can wear!" Ein Lächeln also, na ja, das geht gerade noch so, auch wenn die Hose kneift, der Lieblingspulli 'nen Fleck hat und der hoffnungsvolle Tag sich gerade als Bad-Hair-Day entpuppt. „Ging ich stets um zehn zu Bett, wär' ich immer hübsch und nett." Das wusste schon Dorothy Parker, aber wer will schon immer um zehn zu Bett gehen?

Weiter geht's, Kinder wecken. „Männerhort" hatte ich mal kurzfristig an unserer Haustür hängen, aber zur Erzieherin fehlen mir dann doch die Qualitäten. „Tagsüber Zirkus, abends Theater" – der Spruch zum Eingang in die Küche trifft es da schon eher. Und wenn gar nichts hilft, dann schaue ich mal auf die Wand gegenüber: Auf einem großen roten Blechschild enthüllt sich mir das Versprechen des Tages: „Chocolate doesn't ask silly questions, chocolate understands". Schokolade versteht - Gott sei Dank. Oben drüber noch ein aufmunterndes „Cheer up – Kopf hoch" und weiter geht es. Ein Gang durch unsere Räumlichkeiten ist das reinste Encouraging-Training, ich schwör's! Da muss man über die spärliche Freude meiner Mitbewohner über so viel Blech in der Wohnung auch mal hinwegsehen können!

Oben an der Lichtleiste in meinem Büro fordert mich ein weiteres Schild zu Höchstleistungen auf: „Pencil and a dream can take you anywhere". Anywhere ist gut! Mich bringen meine Laptoptasten bis zur OZ. Das ist zwar nicht gerade „überall hin", aber es ist zumindest fast jeden Tag eine kleine gedankliche Reise. „Schreiben ist leicht: Man muss nur die falschen Wörter weglassen", lese ich auf einem großen Bleistift – Autosuggestion ist alles. Darin übte ich mich auch, als ich besagte Lichtleiste, die jeden Tag aufs Neue das Chaos auf meinem Schreibtisch bestrahlt, mit einem Schild mit der Aufschrift „Herrin der Lage" verzierte. Leider wusste ich nicht, dass durch das Gestänge ja irgendwie auch immer ein bisschen Strom zu den kleinen Lämpchen fließen muss. Es knisterte kurz, roch ein wenig kokelig und die silberne Metallkette meines Schildes war durchgebrannt. Die „Herrin der Lage" war kopfüber auf den größten Papierstapel gefallen und die Autosuggestion musste ausnahmsweise als Misserfolg verbucht werden.

Aber sonst alles gut! Und wenn mich die Frage nach dem Sinn des Lebens quält, dann wende ich mich an Mark Twain. Seit kurzem äußert sich der Schriftsteller auf einem großen Blechschild an unser Wohnzimmerwand zur Lage der Welt: „Wenn wir bedenken, dass wir alle verrückt sind, ist das Leben erklärt". Ein Satz, der einen in fast jeder Lebenslage weiterbringen kann, oder finden Sie nicht? Egal, ob zuhause, im Büro, im Supermarkt, beim Arzt oder sonst wo. Noch Fragen oder Stress? Da hilft ein letzter Rat aus meiner reichhaltigen Sammlung (rotes Blechschild auf dem Wohnzimmerschrank):

„Keep calm and carry on": Bleiben Sie ruhig, machen Sie weiter - egal ob froh mit Neuem oder glücklich mit Altem!

Katerstimmung

Es könnte sein, dass Sie mich jetzt für eine Spielverderberin halten, aber wir sollten der Wahrheit ins Gesicht sehen: Diese Tage sind nicht schön! Stets starten sie voller Erwartung und enden im Jammer. Unausweichlich. Sie wissen, was ich meine, oder?

Wochen-, monatelang gar bereitet man sich vor: Man überlegt sich, was man tragen könnte, und was man dazu braucht, was passenderweise der Ehegemahl dazu anziehen könnte, und wie man die Kinder originell und kostengünstig auf die verschiedenen Veranstaltungen schickt. Mit jeder Tasche, die wir aus den Geschäften mit nach Hause nehmen, steigt die Vorfreude. Mit jedem Paket, das von so schönen Internetshops wie „Maskworld" oder „Kostümplanet" kommt, nahen die tollen Tage, steigert sich das Kribbeln. Wir haben in diesem Jahr so schöne Dinge ausgepackt wie eine schwarzgelockte Zuhälterperücke mit passendem Schnurrbart, ein Brusthaartoupet (wenn ich schon blond sein darf, sollen andere wenigstens auch mal etwas haben, was es sonst nicht gibt), eine fette goldene Prolo-Kette mit großem Dollarzeichen und zwei noch fettere, das Gesicht vollflächig abdeckende Sonnenbrillen, die es, egal wo man ist, schlagartig Nacht werden lassen. Was nun gar nicht mal so unpraktisch ist.

Geduldig schmoren unsere Accessoires in ihren Verpackungen und harren der großen Stunden, für die sie gedacht sind, für die Verwandlung! Einmal blond sein, einmal verrucht sein, einmal Batman sein oder Biene Maja, einmal sein, wer man nie ist, für einen Moment oder einen Abend unerkannt bleiben, einmal nur, ach...

Es sind diese Abende, an denen man, wenn es gut läuft, sauviel Spaß hat. An denen der Alkohol in allen möglichen Erscheinungs- und Geschmacksformen fließt und sich so langsam im eigenen Kopf und den Köpfen der anderen ausbreitet und einem zuflüstert: „Denke nicht an morgen!". An denen man nicht nur den einen oder anderen zu viel trinkt, sondern auch die eine oder andere zu viel raucht und vielleicht auch das eine oder andere spätestens ab Weiberfasching etwas lockerer sieht als sonst: Zwei Drittel aller Befragten eines Seitensprungportals (!) würden laut einer Internetstudie an Fasching fremdgehen. Ein Quäntchen Wahrheit scheint dran zu sein: Der hohe Alkoholkonsum (und der damit verbundene Zustand) führt psychologischen Erkenntnissen zufolge dazu, dass man Grenzen überschreitet, die man sonst respektieren würde. Außerdem ist man ja in der Maskerade nicht der oder die, die oder der man sonst so ist, im Büro oder in der Werkstatt oder so. Ach so, na dann ist ja alles nur halb so schlimm! Bis zum Aschermittwoch zumindest... (Übrigens gibt es auch Studien darüber, bei welchen Verkleidungen die Fremdgeh-Hemmschwelle am reduziertesten ist – Politessen vielleicht oder Piraten? -, aber ich will den Erkenntnissen meiner Leserinnen und Lesern nicht vorgreifen! Finden Sie das mal schön selbst heraus!)

Aber selbst wenn sich die karnevalesken Ausschreitungen auf das Übliche beschränken, sagen wir mal Alkohol, Nikotin, Stimmverlust, ungewöhnliche Bewegungen (gibt es eigentlich „Rucki Zucki" noch?) und jede Menge Schlafmangel, ist der Kater danach so sicher wie das Amen in der Kirche. Denn alles, was am Anfang eines Abends noch so schön glänzt und glitzert und perfekt sitzt, das zeigt am frühen Morgen deutlichen Verschleiß: Die Perücke kratzt und wackelt, das falsche Brusthaar zieht es irgendwann vor, sich in das durchgeschwitzte Unterhemd zu verziehen, die Schminke hat unter allen möglichen Anstrengungen, Berührungen und Lachtränen, sagen wir mal schmeichelhaft, gelitten, die Füße tun weh, das Mieder drückt, das Licht geht an – was schon vier Uhr? Zeit, nach Hause zu gehen...

Am nächsten Tag finden sich die ganzen schönen, einst heiß herbeigesehnten Teile verstreut auf dem Boden und sonstwo wieder, und es wird Tage dauern, bis alles verstaut ist, wohl wissend, dass man sie nie, nie wieder brauchen wird - so ein Brusthaartoupet trägt sich ja auch nicht alle Tage... Der Kopfschmerz bittet um Beachtung, die Stimme versagt und das Sofa übt einen Sog aus, wie man ihn sonst nur von blutjungen osteuropäischen Frauen auf Lothar Matthäus kennt. Die Wasserflasche bleibt der ständige Begleiter, vielleicht auch noch das eine oder andere Aspirin oder Alka-Seltzer.

Der Fasching ist vorbei – es lebe der Kater! Wie schön, wenn man sich den so ehrlich und aufrichtig verdient hat!

Frühlingsfigur

Neulich wollte ich abnehmen. Natürlich wollte ich nicht wirklich, ich folgte einem äußeren Zwang: Mir war zu Ohren gekommen, dass zwei ältere Damen sich über mein (vielleicht in der Tat etwas zu) Kleines Schwarzes mokiert hatten, es säße wohl etwas schpeng (= oberhessisch für eng, knapp, wurstig, liebe Leserinnen und Leser aus den umliegenden Gebieten). Noch dazu hatte an Weihnachten der Wirt in dem Lokal, in dem ich als Abiturientin mal als Bedienung gearbeitet habe, festgestellt, dass ich mit den Jahren doch etwas fraulicher geworden wäre. Ach ja? Wie ungewöhnlich! Ich schaute ihn wohl ein wenig zu fragend an, jedenfalls fühlte er sich bemüßigt, seine Beobachtung zu präzisieren: „Ich meine, du hast ganz schön zugelegt." Frohe Weihnachten auch! Gut, dass ich schon gegessen hatte! Das Schlimmste: Irgendwie hatten die Beobachterinnen und Beobachter recht: Die Hosen vom Vorvorjahr hatten schon vor einiger Zeit das Zwicken angefangen und gaben es auch nach längerem Tragen nicht auf. Konnte es sein, dass ich plötzlich alle meine Klamotten zu heiß gewaschen hatte oder der Trockner schuld war, wie ich mir gerne einredete? Ehrlich gesagt, nein. Und in der Tat ergab der Test auf einer einschlägigen Webseite, dass sich mein BMI sehr knapp vor der Fettleibigkeit tummelte, wirklich sehr knapp. Das wollte ich dann doch nicht.

Als unser Hund abnehmen sollte, haben wir ihm einfach weniger Futter vorgesetzt, und wenn er uns von seinem nur halbgefüllten Trog ungläubig anschaute, blieben wir hart und appellierten an seine Vernunft. Warum klappt das bei uns selbst nicht, also, bei mir nicht? Ist doch alles reine Kopfsache, oder? Ist es wohl, aber Verzicht, Askese und ich – wir passen einfach nicht so richtig gut zusammen. Aber es half ja nix. Wie gut, dass es gerade Jahresanfang war, und alle Welt sich offenbar dafür interessierte, zumindest die Weihnachts- und Silvesterpfunde wieder loszuwerden: So war die Werbung voll von Pillen, Pülverchen und Shakes, die viele schöne Dinge versprachen: „Leichter und genussvoller abnehmen mit dem Schutz vor überflüssigen Nahrungsfetten." Schutz vor überflüssigen Nahrungsfetten war bestimmt genau das, was ich jetzt brauchte. Ein anderes Shakepülverchen warb mit dem Slogan „Gesunder Körper, gesunder Geist!" und versprach „Abnehmen ohne Hunger, schlechte Laune oder Diätstress". Na, dann mal ran den Speck, dachte ich, und bestellte drei große Dosen Abnehm-und-Geistförder-Pulver, die diskret geliefert wurden. Was soll ich Ihnen sagen? Spaß gemacht hat es nicht!

Drei lange Tage gab es nichts als Shakes, während ich für meine Familie das beste Essen kochte. Und natürlich litt ich: Am ersten Abend ohne feste Nahrung hatte ich eine Vereinssitzung, bei der gefühlt alle übriggebliebenen Weihnachtssüßigkeiten samt Nüsschen und Chips auf den Tisch kamen. Ich nahm tatsächlich NICHTS! Am zweiten Abend hatte ich ein Arbeitstreffen, das allen Teilnehmerinnen mit köstlichen Tapas versüßt wurde. Es war hart, sehr hart, aber ich blieb standhaft. Am dritten Tag suchten wir nachts um zwölf noch eine Geburtstagsfeier auf, wo am Büffet noch Schnitzel und gemischte Braten allein auf uns warteten und vermutlich schon viele Stunden lang den Raum mit ihrem himmlischen Duft erfüllt hatten. Ich stand kurz vor der Halluzination, aber ich blieb hart.

Während meine Hosen langsam etwas weniger zwickten, befielen mich erste Nebenwirkungen: Meine Haare wurden fettig und ich fröstelte ständig – Letzteres für mich ein untrügliches Zeichen, dass ich bald zu den Dünnen gehören würde. Dünn werden allerdings ist kein Vergnügen. Weshalb ich es vermutlich auch nicht in aller Konsequenz weiterbetrieben habe: Ab dem vierten Tag war eine Mahlzeit erlaubt. Es gab Cordon Bleu. Paniert, mit Bratkartoffeln. Am Tag drauf Lasagne, danach Tortilla Española. Schließlich hatte ich drei Tage gedarbt, jawohl! Wenige Tage später war auch wieder Frühstück erlaubt. Endlich wieder Brötchen wahlweise mit Lachs und Sahnemeerrettich oder mit Fleischsalat vom Metzger meines Vertrauens! Welch ein Genuss! Und jetzt wissen Sie auch, warum Sie nichts von meinen Erfolgen sehen. Sie sind – wie ich – sehr diskret und schon deshalb nicht in verlorenen Kilos auszudrücken, weil ich gar keine Waage besitze.

Und wissen Sie was: Ein Leben ohne Waage ist auch schön!

Frühlingsgefühle

Mit dem Frühling ist das ja so eine Sache: Einerseits ist es wunderschön, wenn nach dem Winter alles wieder langsam ergrünt und jedes Jahr wieder alles irgendwie ein bisschen neu wird, andererseits aber gibt es jetzt auch keine Ausreden mehr für das angenehme Dolcefarniente des Winters. Leider. Wie? Die Blumenbeete ausmisten? Viel zu nass! Gott sei Dank! Was? Die Garage entrümpeln? Viel zu kalt! Was für ein Glück! Doch jetzt ist die Uhr umgestellt, die Tage sind länger, und so langsam gibt es keine Rettung mehr, besonders dann nicht, wenn der Gemahl Urlaub hat, und es kaum Refugien gibt, in die man sich so als Familienkollektiv vor dem angestauten Tatendrang zurückziehen kann. Was im Übrigen auch unfair wäre. Was man aber wiederum auch irgendwie aushalten könnte.

Vor wenigen Tagen erreichte mich folgende SMS: „Kann leider nicht zu unserem Treffen kommen. Mein Mann hat Urlaub und braucht ständig einen Handlanger." Es scheint also ein weitverbreitetes Frühlingsphänomen zu sein, dass in diesen Tagen überall mit den Hufen gescharrt wird, die Rasenmähermesser gewetzt werden, die Schuppen gelüftet werden und das große Ausmisten beginnt! So auch bei uns! Und es ja unglaublich, was man da alles zutage fördert. Und von was man sich alles nicht trennen kann. Jeder und jede hängt an irgendwas, das dem oder der anderen völlig unbegreiflich ist! „Oh, in diesem schönen Körbchen hatten wir schon als Kinder unseren Osternester!" (O-Ton Schwiegermutter.) Das kann natürlich nicht weg. „Dieses wunderschöne Adapterstück haben wir zwar schon zehn Jahre nicht gebraucht, aber so etwas sollte man unbedingt aufheben." Sollte man? Sollte man sogar unbedingt! Auf diese Weise füllen sich die kleinen, allein zu diesem Zweck aufbewahrten Mandarinenkisten wieder von ganz allein, wandern von einem Regalbrett zum anderen, dorthin, wo man sie garantiert nie wieder sucht, weil sie vorher zehn Jahre lang woanders standen.

Ja, ja, das mit dem Loslassen ist nicht so leicht! Ich kann mich beispielsweise nicht von dem schönen blauen Übertopf trennen, auf dessen Boden sich vor über zwanzig Jahren meine Arbeitskollegen zum Abschied verewigt haben und aus dem wir bei der

Abschiedsparty die beste Heidelbeerbowle ever getrunken haben. Nicht etwa, dass ich ihn die letzten fünf Jahre jemals benutzt hätte! Und so wird jeder von uns bei irgendetwas schwach. Mein Tipp, damit das mal ein bisschen vorangeht: Jeder entsorgt die Sachen des anderen. So kommt man ohne großen Herzschmerz durch, denn ehrlich gesagt, erinnert man sich ja doch erst wieder an die ganzen emotionsbeladenen Devotionalien, wenn man sie nach Jahren wieder mal sieht. Und die ganzen komischen Schrauben, Stecker und sonstigen kleinen Teile, von denen sich einzelne Herren nicht trennen können – also, ich brauch' die nicht!

Ruckzuck wäre auf diese Weise so ein Schuppen entrümpelt, und im Anschluss auch gleich noch der Keller und der Dachboden. Allerdings muss man dabei vorsichtig sein, denn man ahnt ja gar nicht, wie viele kulturhistorische Gegenstände in so einem Abstellraum auf ihre Wiederentdeckung warten: Wenn etwa ein Jugendlicher in den besten Jahren einen Sauzahn findet, kann er unheimlich viel über die Kunst des ihm bis dahin völlig fremden Gartenbaus lernen, falls er sich nicht schon über den Namen totgelacht hat. Oder ein vermeintlicher Wehrmachtsspaten, der angeblich zum Ausheben von Schützengräben gedient hat, weckt das Interesse an der Geschichte. Im Idealfall. Auf geheimnisvolle Weise ist der in unseren Schuppen gekommen und auf genauso geheimnisvolle Weise wird er beim nächsten Aufräumen, wann auch immer, seine Finder erneut beeindrucken.

Ja und dann war da noch etwas, was auf keinen Fall wegkonnte: die alte Kleinkindrutsche, die jahrelang fast unbenutzt und schon ein wenig bemoost in einer der hintersten Ecke des Gartens stand. „Die stellen wir an die Straße zum Mitnehmen", rief ich aus, und schneller als ich schauen konnte, saß ein fast vierzehnjähriger Konfirmand obendrauf, erinnerte sich vermutlich daran, wie man noch im Jahr zuvor eines Sommertages samt Hund von ihr in den eifrig aufgestellten Garten-Pool gerutscht war, dass es nur so spritze, und verkündete. „Ich bleib' hier sitzen!" Der Sitzstreik konnte vor Einbruch der Dunkelheit mithilfe einer PEE – Post-Entrümpelungsschäden-Eingreiftruppe - beendet werden. Die hat bei dem Wetter bestimmt gut zu tun!

Der Frühling ist da – räumen Sie schön!

Muttertag

Es ist Muttertag! Die Floristikbranche jubelt und mit ihr die Juweliere, die Pralinenhersteller und die Gastronomen. Man könnte meinen, Muttertag sei nur für sie oder gar von ihnen erfunden worden – was nachweislich nicht stimmt –, genauso wie der unsägliche Valentinstag. Klar, dass jede noch so kleine Branche versucht ist, sich dran zu hängen: zu Muttertag ein neues Blüschen (Geht aber nur, wenn jemand aus der Familie die aktuelle Kleidergröße der geehrten Dame weiß!)? Oder ein schönes Buch? Ein neues Parfüm? Eine Handtasche? Eine kosmetische Behandlung oder eine Massage (falls man es schafft, eine freie Stunde dazuzuschenken)? Möglichkeiten, sich als Kinder (und in seltenen Fällen auch als Väter) gut und günstig aus der vermeintlichen Pflicht zur kommerziellen Nettigkeit zu stehlen, gibt es viele. Natürlich nicht nur in der Innenstadt und als Inserate in der Zeitung, nein, selbstverständlich kommen sie auch als Internetwerbung angeflogen und zwar direkt auf den mütterlichen PC. Dankeschön auch!

Die erste Mail kam von Apple: „Ein Geschenk, das Mama gern öffnen wird. Immer und immer wieder. Ein iPad Air oder iPad mini mit Retina Display wird deine Mutter nicht nur am Muttertag überraschen, sondern auch an allen Tagen danach. Kauf online und lass dir das iPad versandkostenfrei nach Hause liefern." Leider habe ich vergessen, diese schöne Mail an meiner Kinder weiterzuleiten. Aber vielleicht lesen sie ja heute Zeitung. ES IST NOCH NICHT ZU SPÄT, LIEBE KINDER!

Eine Internet-Fotodruckerei lockte mit der individuellen Produktion von „Blumenbildern, die ewig halten", Stage Entertainment, der Musical-Anbieter, forderte mich auf, meiner Mutter meine Zeit zu schenken, am besten gemeinsam mit einer Karte für das „Phantom der Oper". „Mama denkt, du machst alles richtig. Zeig ihr, wie recht sie hat", legte wenige Tage später noch einmal der IT-Hersteller mit der angebissenen Frucht nach, was zwar nicht ganz stimmt, aber in diesem Fall natürlich einem höheren Zwecke dienen würde. WÜRDE, wenn es jemand aus meiner Familie gelesen HÄTTE. Aber wenn schon das nicht, dann auch das andere nicht: die unsäglichen Internet-Blumensträuße für 14,99 €, für die man an Muttertag nicht, wie der Branche fälschlicherweise unterstellt wird, 50% mehr bezahlt, sondern natürlich extrawenig mit dem speziellen Muttertagsrabatt. Wer hat eigentlich gesagt, dass man ausgerechnet am Muttertag mit dem Sparen anfangen soll?

Doch dann kam noch eine Werbung, die mir deutlich gemacht hat, dass die Zeiten von „Frauengold" und „Doppelherz" zu Muttertag endgültig vorbei sein: Der St. Pauli–Fanclub-Shop warb für T-Shirts mit „Wonder-Woman-Aufdruck", Tassen mit dem einst knackigen Hinterteil von Bruce Springsteen und unverzichtbaren St. Pauli-Accessoires wie ein Waffeleisen mit Totenkopf. „Überrasche deine coole Mama mit einem St. Pauli-Muttertagsfrühstückstisch mit passenden Bechern, Müslischalen und stimmungsvoller Kerze vom magischen FC. Dazu leckere, selbstgebackene St. Pauli-Waffeln - so beginnst du den Tag mit einem Super-Verwöhnprogramm!!!" Will ich das? Finde ich Müslischalen mit Totenkopfaufdruck zum Muttertag niedlich, nur weil sie zu den Waffeln passen? „Außerdem kannst du ihr mit einem St. Pauli-Shirt oder Kapu eine wahre Freude machen - da haben Frauen nie genug von!!!" Hier sind echte Frauenversteher am Werk. Ich bin beruhigt und hoffe nur, dass meine Jungs auch diese Seite nicht gelesen haben. Wenn Sie mich in den nächsten Tagen mit St. Pauli–Shirt sehen, hat es wohl doch einer getan!

Ganz nebenbei wirbt der Shop schon mal für das nächste große Konsumereignis - den Vatertag: „Der Vatertag ist schneller da, als du denkst!! Diese Geschenktipps sind auch für die Männer gut geeignet. Sie wollen nicht immer nur Socken und Unterhosen. Ach, nein?! Mit einem besonderen Bier, einem coolen Astra-Glas oder einem St. Pauli-Hut bringst du auch die Männerherzen zum Hüpfen!"

Na, dann....

Ferienschreck

Na, schon schön in Ferienlaune? Wenn Sie jetzt so richtig schön gechillt sind, dann kann ich Sie nur warnen! Ich habe Erschreckendes gelesen, halten Sie sich fest! Bis zu 20 Prozentpunkte kann der Intelligenzquotient abnehmen, wenn wir in den Ferien nur auf der faulen Haut liegen. 20%, also ein Fünftel! Gar nicht auszudenken, was das bei manchen Zeitgenossen für Folgen haben könnte!

Herausgefunden hat das der Gehirnforscher Siegfried Lehr. Seiner Meinung nach kann ein zweiwöchiger Strandurlaub also ganz verheerende Folgen haben, denn offensichtlich besteht die Gefahr, dass Teile des Gehirns genauso wie Muskeln schrumpfen, wenn sie nicht gebraucht werden. Dass Herr Lehr davon ausgeht, dass der Zustand des Nichtgebrauchens des Gehirns sich grundsätzlich nur auf die Urlaubszeit beschränkt, ehrt ihn zwar, wie unrealistisch das ist, kann man aber ständig und überall beobachten.

Wie dem auch sei, um Schlimmes zu verhindern, mache ich ja erstens so gut wie gar keinen Urlaub und plane zweitens, meine wenige freie Zeit sinnvoll zu nutzen. Ich denke, ich werde in einer Art Intelligenz-Guerilla mal die heimischen Gärten und Terrassen heimsuchen und schauen, wer sich so alles auf die faule Haut begeben hat. Seien Sie auf der Hut! Ich werde Liegestühle und Hängematten einsammeln und gegen die Langeweile im Urlaub Literatur verteilen – von Richard David Precht über Leo Tolstoi, Karl Marx und Oliver Kahn bis hin zu den Büchern von Simone de Beauvoir und Wolfram von Eschenbach. Ich selbst habe mir für die Ferien ein Buch über Allgemeinbildung aus dem Zeit-Verlag angeschafft. Für nur fünf Euro erfährt man hier, was man heute wissen muss, und ja, was soll ich sagen, ich hätte nicht viel zu verlieren, wenn ich faulenze... Dann könnte ich ja doch....!

Nein, nein, nein, nichts da! Urlaub ist schließlich kein Spaß. Und damit es erst gar nicht zum Äußersten kommt, wird jeder Tag Faulheit mit einem Tag Bildung kompensiert – meine Familie wird es toll finden! Die Fahrt in den Urlaub kann man sich nämlich – statt mit DVDs auf der Rückbank - auch mit schlauen Quizfragen aus dem Zeit-Buch versüßen. Man lernt so wichtige Dinge wie die Hauptbedeutung des Wortes „Punk" oder kann sich über die die wichtigsten Psychopharmaka für Hunde informieren. Leider gibt es das Mittel „Domizil" gegen Angst vor Postboten nicht, schade eigentlich. Man erfährt, was „Carot Mob" bedeutet oder was auf dem Gebiet der „Behavioral Finance" erforscht wird – und schon ist man da!

Vor Ort selbst warten jede Menge Museen auf den geneigten Besucher - da kann man nur von Glück sagen, dass das Wetter mitspielt und nicht etwa permanent die Sonne scheint und versucht, einen an die Strände der Badeseen, in die Eisdiele oder ins Schwimmbad zu zerren. Die Auswirkungen so eines richtig schönen Sommerwetters auf die Volksgesundheit wären ja geradezu fatal!

Wie gut, dass mir zur Ferienmitte dann doch noch die Gegenthese in die Hände gefallen ist: „Ein Lob der Faulheit" heißt es da. Ich erfuhr, wie gut es tut, sich regelmäßig eine Pause zu gönnen und las tatsächlich, dass man in der Tat auch mal ausruhen kann, wenn man noch gar nichts getan hat – eine verlockende Vorstellung! Dazu muss man nur mal das schlechte Gewissen abschalten, die Beine hochlegen und sich es sich wahlweise mit einem Kaffee oder einem Gläschen Wein irgendwo gemütlich machen – am besten an einem Ort, wo einen niemand findet, keine Kinder, kein Ehemann (oder auch keine Ehefrau), kein Telefon und auch keine Intelligenz-Guerilla.

Die übrigens wird ihr Tun einstellen, bevor sie es begonnen hat – die Zeit dafür wäre viel zu schade, denn erstens küsst einen die Muße ganz besonders leidenschaftlich, wenn man von gar nichts abgelenkt ist, also im Zustand vollendeter Faulheit, und zweitens bilden sich die paar Gehirnzellen, die man beim Chillen einbüßt, im Alltag ganz schnell wieder zurück! Man muss sie nur lassen...

Die Entdeckung der Langsamkeit

Es war der letzte Schultag, ein schöner Sommertag, und damit irgendwie auch gleich der erste Ferientag. Sehr spontan beschlossen wir, ein Schwimmbad in der Banlieue von Alsfeld aufzusuchen. So würde man wohl sagen, wenn Alsfeld eine große Stadt wäre. Natürlich hätte man auch zu Hause bleiben, aufräumen, einkaufen, arbeiten können. Aber es ging nicht. Es waren gerade Ferien! In dem kleinen Schwimmbad war es sehr gemütlich, die Menschen freundlich und nicht sonderlich zahlreich, die Frauen so, dass – subjektiv gesehen - die eigenen körperlichen Defizite nicht sonderlich ins Gewicht fielen. Vielen Dank dafür! Die an langen Sonnentagen hart gewordenen Maulwurfhügel unter dem Badehandtuch dienten als Massageknubbel, die Bremsen hielten sich halbwegs zurück. Ein schöner Tag zum Chillen! Wie gewohnt, meldete sich nach der ersten Runde im kühlen Nass der kleine Hunger, und wir suchten den benachbarten Kiosk auf. Vor uns waren zwei Mädchen, die der freundlichen Dame vor der schönen 70er-Jahre-Verkaufskulisse ihre Bestellung durchgaben:

„Dann hätten wir noch gerne zwei Cola-Schlangen. Und dann noch vier Herzen und sechs Ufos, von jeder Sorte eins." Die freundliche Dame legte alles sehr liebevoll auf einen Teller und schrieb jeden einzelnen Preis auf einen bereitliegenden Zettel. Es ging weiter. „Von den Riesenschlangen hätten wir gerne noch drei rote und drei gelbe. Und von den Schlümpfen zwei mit einer weißen Mütze und zwei mit einer roten." „Eine Riesenschlange kostet 7 ct, wieviel macht das dann zusammen", fragte die nette Dame die Mädchen, denn wir hatten ja alle Zeit. Das eine Mädchen rechnete eifrig, während seine Freundin weiterbestellte. „Vier Kirschen, alle rot, und noch sechs Schaumschafe, von jeder Farbe eines." Am Ende hatten sich die beiden Mädchen einen Riesenberg zusammengekauft und zahlten 2,46 Euro. Ich fragte sie, ob das alles für sie sei oder ob sie das noch mit anderen teilen würden. Es war alles für sie. Ich hoffte, dass ihnen nicht schlecht werden würde, aber ich denke, das hat nichts genützt. Der Berg war einfach zu groß. Aber so muss das wohl sein, wenn man zu Ferienbeginn mit seiner besten Freundin den Schwimmbadkiosk aufsucht!

Schließlich waren wir dran. Wir wurden mit derselben Hingabe bedient, bekamen frisch frittierte Pommes und köstliches Kaffeeeis, und irgendwie fiel ich an diesem Nachmittag kurzfristig aus der Zeit. Denn was sich oben, aus meiner stets eilenden Feder geschrieben, so las wie Ironie ("... denn wir hatten ja alle Zeit"), war an diesem Nachmittag wahr. Wir hatten Zeit. Einfach so – ein unglaubliches Gefühl, für das man vermutlich unbedingt den heimischen Herd verlassen und die Peripherie erkunden muss. So wie es im weitesten Sinn ja auch John Franklin, der Held aus Sten Nadolnys Buch getan hat. Aber das nur am Rande.

„Aus der Zeit gefallen" ist, finde ich, ein schöner Begriff, denn aus der Zeit gefallen war auch der Kiosk mit seiner Retro-Ausstattung und einer Verkäuferin, die Spaß daran hatte, zehn Minuten lang einzelne Gummitiere zu sortieren für einen Umsatz von 2,46 Euro und sich dabei nett zu unterhalten. Und aus der Zeit gefallen waren auch meine Erinnerungen an unbeschwerte Kindheitstage, in denen sich die Sommerferien wie eine schier endlose Zeit der schwülen Langeweile, des Ausschlafens und Schwimmengehens vor uns auftaten. Zeiten, in denen das Wort Chillen zwar noch nicht erfunden war, die dazugehörige Tätigkeit aber durchaus. Zeiten, in denen uns alljährlich „Die Kinder von Bullerbü" und „Ferien auf Saltkrokan" im Ferienprogramm der Öffentlich-Rechtlichen nur ganz wenig von unserer Zeit stahlen, die wir ansonsten, mangels Urlaubsreise, auf den Straßen unseres kleinen Dorfes verbrachten, das zumindest aber ein Schwimmbad hatte.

Sie können sich vielleicht vorstellen, dass ich ruckzuck wieder in die Zeit, minutiös eingeteilt auf meinen diversen To-do-Listen, zurückfiel, kaum dass wir das Schwimmbad mit seinem schönen Kiosk verlassen hatten. Aber ich habe an diesem Nachtmittag gemerkt, es wird Zeit für ein wenig Langsamkeit. Schneckentempo. Slow motion. Schwüle Hitze. Sommerferien!

Ausgechillt

Das war's für Erste. Ausgechillt. Wieder einmal sind sie um, die großen Ferien. Dreizehn Mal habe ich sie selbst als Schülerin erlebt und trotz wenig Entertainment und späteren Ferienjobs waren sie immer viel zu schnell vorbei. Dann kamen einige Jahre, in denen mich die großen Ferien nicht sonderlich interessierten. Höchstens insofern, als dass ich sie großzügig den älteren Arbeitskolleginnen mit Kindern überließ. Und plötzlich ereilten sie mich selbst wieder, und am Anfang, als ich Mutter schulpflichtiger Kinder war, waren sie lang, sehr lang, ehrlich gesagt, zu lang . Inzwischen gehen sie wieder schneller vorbei – schwupps, sind sechs Wochen um, und am Ende hat man seine liebe Not, bis man wenigstens einmal die Kinderzimmer aufgeräumt und die alten Schulsachen sortiert hat, die Ranzen und Mäppchen neu bestückt und zu klein gewordene Turnsachen aussortiert hat. Ich kann mich, ehrlich gesagt, an keine Ferien erinnern, in denen ich das – trotz bester Vorsätze - nicht alles erst in der zweiten Hälfte der letzten Ferienwoche gemacht habe. Allen Müttern (und Vätern, ja auch denen), die das vorher oder gar am Anfang machen, gehört meine tiefe Bewunderung, auch wenn sie mir ein bisschen suspekt sind. Wie man das schaffen kann, ist aktuell aber nicht die brennendste Frage, die ich mir stelle. Vielmehr interessiert mich gerade sehr, was nun nach den Ferien und dem Urlaub wohl schneller verblasst: die Erholung nach etwas runtergefahrenen Wochen und zehn Tagen Urlaub oder die Sommerbräune, die ich in meinem Fall der holländischen Sonne über Friesland verdanke.

Zehn Tage Urlaub mit fünf Personen bedeuten abgesehen von allem Übrigen 50 Unterhosen und 50 T-Shirts, und so fällt angesichts der mühsam ausgepackten Wäscheberge die Antwort wohl leicht. Nimmt man dann noch die vielen kleinen und großen Jobs, die so per Post und per Internet angeflogen kommen (nein, das Finanzamt war nicht geschlossen, während wir weg waren, und auch die Buchhaltung einiger Lieferanten lief wie am Schnürchen) und dazu die vielen kleinen Dinge, die für den Tag nach der Ankunft schon auf der To-do-Liste standen, verfliegt der letzte Zweifel: Die Erholung geht zuerst. Wäre ja anders auch kaum zu machen, oder? Na ja, eigentlich müsste man nur die Dreckwäsche eingepackt lassen, den Rasen seiner eigentlichen Natur überlassen, einfach morgens nicht aufstehen – den Kindern würde das bestimmt nichts ausmachen – und ein kleines Abo bei „Essen auf Rädern" abschließen. Warum eigentlich nicht? Könnte sein, dass der Chef, die Bank und das Schulamt was dagegen haben. Aber sonst doch keiner, oder?

Doch die Erfahrung zeigt, dass Chillen zu Hause fast unmöglich ist, es sei denn man ist zwischen 13 und 16, dann ist es natürlich eine Kleinigkeit, wenn man gelassen wird, und so sind die Ideen zwar verlockend, aber wenig alltagstauglich. Experten raten übrigens dazu, sich immer wieder mal kleine Auszeiten, einschließlich Ortswechsel zu gönnen, habe ich gerade in der Brigitte gelesen. Ja, ja, die Theoretiker. Da gehe ich doch lieber ab und zu auf die Sonnenbank und pflege meine Urlaubsbräune. Ist schnell gemacht und erholen kann man sich dabei auch noch kurz. Schöner ist es ja, für den Rest des Sommers noch ein wenig Originalsonne zu tanken. Also, wie wäre – trotz Ferienendes – immer mal ein halbes Stündchen auf dem Balkon oder der Terrasse? Auch das entspannt und erfrischt den Teint! Und wenn mal niemand dazu kommen will, dann kann man sich ja einen kleinen Hugo einladen. Und dann schauen wir mal, was länger hält, denn eins ist sicher: Der nächste Winter kommt bestimmt!

Adventskalender

Da ist er wieder, der Advent – in diesem Jahr gefühlt direkt nach den Sommerferien, sowohl was Temperatur- als auch Zeitempfinden angeht - und mit ihm kommen alle vorweihnacht-lichen Rituale, die die westliche Konsumwelt so zu bieten hat – und denen ich, gelinde gesagt, sehr, sehr offen gegenüberstehe: Adventsausstellungen, Weihnachtsmärkte, das Haus dekorieren, Plätzchen backen. Nur Adventskalender bastel' ich nicht mehr! Da ist mir im Lauf der Jahre doch der Frust zu groß geworden:

Begonnen hat alles vor vielen, vielen (ok, vor etwa 25) Jahren, als ich meinem damaligen Freund einen Adventskalender bastelte. Ich fing damit an, kleine Geschenke zu verpacken und mit Nummern zu versehen, 24 Stück! Da musste man sich schon so allerhand einfallen lassen, damit es einerseits nicht zu popelig ist, andererseits aber auch das Budget nicht sprengt. Schon damals merkte ich, dass das männliche Interesse an Adventskalendern sich in Grenzen hält. Auch das tägliche Öffnen eines Päckchens und das dazugehörige erfreute Rufen „Ach, wie schön! Das habe ich mir schon so lange gewünscht!" angesichts eines After Shave von Nivea gehören nicht unbedingt zum Standardrepertoire eines Mannes, ebenso wenig wie das Wegräumen des Papiers und des Geschenks. Also wurde ich kreativer:

Für meinen ersten Sohn nähte ich 24 kleine Säckchen, hängte selbst ausgeschnittene Sterne mit in goldener Schrift aufgetra-genen Zahlen daran und platzierte alles dekorativ in einem Holzkorb. Etwa bis zum Alter von drei Jahren hatte er einen Riesenspaß damit... Unterdessen beschenkte ich meinen Mann, begnadeter Träger von schwarzen Socken eines bekannten Kaffeerösters, mit ebensolchen. 24 davon hingen zu Beginn der Adventszeit mit kleinen Dingen gefüllt und mit roten Schleifen verziert über unserer Anrichte, was meine Schwiegermutter mehrfach zu der Frage veranlasste, ob ich gewaschen hätte. Etwa die Hälfte der Socken nahm ich am Heiligen Abend ab, aß ihren Inhalt auf und räumte sie weg.

„Es muss nur das Richtige sein", dachte ich im nächsten Jahr und kaufte zwei Stiegen mit insgesamt 24 Dosen Guinness Draught. Für jede Dose fertigte ich aus rotem Filz und weißer Watte kleine

Nikolausmützen, die ich ihnen aufsetzte, bevor ich sie in einer Reihe auf die kleine halbhohe Abtrennungswand zwischen Küche und Wohnzimmer setzte. Dort verbrachten sie die ganze Weihnachtszeit in geselliger Runde, und noch beim ersten Grillen wurde die eine oder andere Dose Guinness mit einem roten Hütchen aufgemacht.

Die Ankunft zweier weiterer Kinder befreite mich schließlich von dem Zwang, Adventskalender selbst gestalten müssen. Kleine Jungs interessieren sich für den Playmobil- oder Lego-Kalender, großen Jungs ist es schlicht und einfach egal. Außerdem, jetzt mal ehrlich: Haben Sie schon mal von einem Mann gehört oder gar einen gesehen, der einen Adventskalender bastelt? Ich nicht! Jedenfalls nicht bis vor kurzem. Da stand ich in der Schlange an der Kasse eines großen Dekorationsgeschäftes hinter einem Mann, der hatte 24 kleine Tüten, 24 Zahlenaufkleber zum Beschriften, 24 Wäscheklammern und jede Menge rotes Geschenkband gekauft. Ich traute meinen Augen kaum! Ein Mann allein im Dekoladen ist ja schon eine Glosse wert, aber einer, der ganz offensichtlich einen Adventskalender basteln will? Hammer! Aber ich will keine falschen Hoffnungen wecken, meine Damen, es war nicht hier, es war weit, weit weg!

Weihnachtsmann

Eigentlich hatte ich meine Kolumne für dieses Wochenende schon fertig. Es ging um den alljährlichen Weihnachtswahnsinn – hätte sich ja auch irgendwie angeboten. Dann aber kam mir am Nikolaustag derjenige dazwischen, der diesem Tag seinen Namen gegeben hat, und das kam so:

Unser Nikolaustag hatte alle Voraussetzungen, zu einem – für meine Kinder – etwas unbefriedigenden Tag zu werden: Die Stiefel waren in der Nacht von Montag auf Dienstag nass geregnet und darin fanden sie keine Schokoladennikoläuse, da ich mich – angesichts der noch vorhandenen Schokohohlkörper mit den langen Ohren – einmal als konsequent erwiesen habe und auf Schnuggel aller Art verzichtet habe. Lediglich Bausets für Lebkuchenhäuser und Mandalamalbücher gab es. Also hegten die Zwillis wohl die Hoffnung, dass am Abend der Nikolaus, wie in der Vergangenheit geschehen, nochmal käme und sich etwas spendabler zeigen würde. Falsch gedacht, denn ich war mit allem ein bisschen spät und hatte es nicht mehr geschafft, einen Nikolaus zu buchen. Der eine weilte in Dresden, der andere hatte mich anlässlich eines früheren Auftritts etwas in seiner Wortwahl irritiert. Seit er zu meinem Kind gesagt hat „Wie, du machst nicht gerne Hausaufgaben? Das ist aber nicht so sexy!", fehlt mir so ein wenig das Vertrauen in seine pädagogischen Fähigkeiten. So etwas sagt doch kein ernstzunehmender Nikolaus, oder? Mein großer Sohn lacht heute noch darüber und er wunderte sich damals schon, wie der Nikolaus aus dem dicken Buch mit Grimms Märchen von seinen Missetaten erfahren konnte. Die Zwillis jedoch glauben immer noch an den rotgewandeten seinerzeit von Coca Cola ausgestatteten Herrn mit dem Rauschebart und sie stehen immer vor ihm wie vor einem Weltwunder. Was also tun?

Der lebende Adventskalender versprach Rettung und dieses Versprechen hielt er – und wie! Nicht dass der dortige Nikolaus die fetten Geschenke in seinem Sack gehabt hätte, nein. Er hatte ein wenig Schokolade, viele Mandarinen und Nüsse zum Verteilen. Aber er behauptete allen Ernstes, meine beiden Jungs schon lange zu kennen, gar mit ihnen befreundet zu sein. Die beiden wuchsen und wuchsen, ihre Augen strahlten, und sie durften ihm sogar beim Verteilen der Sachen helfen. Das alles war aber noch nichts im Vergleich zu dem grandiosen Finale: Als alle großen und kleinen Menschen etwas vom Nikolaus und seinen Helfern bekommen hatten, durften die zwei den Sack mit nach Hause nehmen und mussten dem Nikolaus versprechen, den Rest am nächsten Tag in der Schule zu verteilen.

Hat schon jemals ein Kind, das noch fest an den Nikolaus glaubt, so etwas Schönes erlebt? Helfer vom Nikolaus zu werden und mit dem Originalsack über den schmalen Schultern den Heimweg anzutreten! Und ist das nicht viel, viel mehr wert als alle Schokoladennikoläuse, Mandalas und Lebkuchenhäuser zusammen? Das vorweihnachtliche Wunder wurde zwar ein wenig getrübt, weil ja nur einer der beiden den Sack nehmen konnte, was sich als wenig friedensstiftend herausstellte, was aber – o Wunder – tatsächlich gelöst wurde. (Okay, mit meinen Worten „Wenn das nicht klappt, bringe ich den Sack in die Schule", aber immerhin.)

Es scheint also doch etwas Wunderbares mit dieser besonderen Zeit auf sich zu haben.... Die Kolumne über den Weihnachtswahnsinn hebe ich mir bis nächstes Jahr auf. Ich denke, daran wird sich – wenn nicht ein Wunder passiert – wenig ändern.

Augen auf beim Geschenkekauf

Sie kennen sie, die meistgestellte Frage in diesen Tagen, oder? Dicht gefolgt von „Darf sich eine emanzipierte Frau einen teuren Bräter wünschen, damit sie sich nicht ewig die Finger verbrennt?", lautet die Frage alle Fragen: „Und, habt ihr denn schon alle Geschenke?" Also, ich habe noch längst nicht alle, noch nicht mal alle Ideen, weder für mich noch für meine innerfamiliären Auftraggeber. Aber ich bin guter Hoffnung, dass alles noch ins Lot kommt, schließlich springen einen die Geschenke und Geschenketipps doch überall geradezu an: Egal, ob beim Metzger, beim Friseur oder in der Apotheke - kein öffentlicher Bereich, der sich nicht in ein vorweihnachtliches Paradies festlich verzierter Wurstgläser, sorgsam zusammengestellter Tiegelchen oder fein zusammengerollter und mit rotem Band verzierter Diabetiker-socken verwandelt hätte. Und wenn man gar nichts findet, dann schaut man eben mal in den einschlägigen Prospekten des hiesigen Einzelhandels oder in Zeitschriften nach.

Die Brigitte zum Beispiel hat super Ideen: Leine und Halsband - eine Leder-Maßarbeit für Hunde - für schlappe achtzig Euro. Dass ich darauf nicht selbst gekommen bin! Jetzt frage ich mich nur noch, ob das der Hund, das Herrchen oder das Frauchen bekommen soll. Man will ja auch nichts falsch machen, schließlich ist die Sicherung des häuslichen Weihnachtsfriedens oberstes Gebot! Alleroberstes!

Vielleicht könnte ein Besuch auf der Website eines Geschenke-Coaches hilfreich sein, dachte ich und wurde fündig. Hier erfuhr ich zumindest, warum es meist die Frauen sind, die für den Geschenkekauf zuständig sind: „Die Wahl der richtigen Geschenke erfordert Kommunikation, Kreativität, Zeit und Zuwendung. Außerdem verwalten meistens Frauen die Haushaltskasse." Aha. Und während Frauen eher passende und gebräuchliche Geschenke aussuchten, würden Männer eher auf „Klischee-geschenke" wie Pralinen, Blumen, Parfüm oder Schmuck zurückgreifen. Was praktisch ist, da man dazu auch nicht die Konfektionsgröße der beschenkten Person wissen muss, woran der Kauf beispielsweise von Dessous häufig scheitert, wie der Fachmann zu berichten wusste.

Schmuck also, wie schön! Die Brigitte hat ein Designerkettchen mit Herz für 1540 Euro im Angebot. Nur, wie kriege ich meinen Mann dazu, die Brigitte zu lesen und dann nicht etwa das Hündchen-Selbstfilz-Set für 40 Euro für mich zu bestellen, sondern tatsächlich die kleinen Brillis oder das nette Ledertäschchen? Gar nicht, vermutlich.

Da fällt mir ein, wie ich mir vor vielen, vielen Jahren mal einen Pyjama gewünscht habe. Meine Freundin in Frankreich trug so ein Teil. Ich war begeistert, aber diese Mode hatte sich in Deutschland noch nicht durchgesetzt. So fragte sich mein Freund durch ein Fachgeschäft nach dem anderen, und an Weihnachten packte ich voller Erwartung ein geblümtes Jersey-Nachthemd aus. Das sei bei Untersuchungen doch viel praktischer als ein Anzug mit einer Hose, hatte die emsige Verkäuferin meinem Freund noch mit auf den weihnachtlichen Weg gegeben. Irgendetwas war furchtbar schief gelaufen. Es ist auch nicht der Mann, mit dem ich heute verheiratet bin.

Und weil die Friedenssicherung zu Weihnachten an oberster Stelle geht, schenken mein Mann und ich uns schon mal nichts. Das ist erst praktisch! Für alle anderen Fälle gilt: Augen auf beim Geschenkekauf!

Weihnachten mit Heintje

Die Weihnachtszeit lebt ja von ihren Ritualen. Ich zum Beispiel habe jedes Jahr in diesen Wochen ein festes Date – mit meinem Fleischwolf. Einmal im Jahr hole ich ihn aus der Versenkung – ein Erbstück von meiner Großtante Anna übrigens -, schraube den Plätzchenaufsatz vorne drauf und los geht's. Solange ich denken kann, wurde bei uns zu Hause auf diese Weise das Spritzgebäck hergestellt und solange ich denken kann, habe ich dabei geholfen. Kein Wunder also, dass mir eine Erinnerung nach der anderen kam – die Muse küsst einen ja geradezu bei solch sinnentleerten Tätigkeiten wie Teig durch einen Fleischwolf drehen.

Und da Weihnachten ist und alles ein wenig zuckriger und rührseliger sein darf als sonst, ließ ich sie kommen, die Erinnerungen, und stand plötzlich wieder in unserer Küche und kratzte nach jedem Backdurchgang die Krümel vom Blech und fettete es neu ein, denn es gab ja, liebe Leser unter dreißig, als ich klein war, noch kein Backpapier und keine Antihaftbeschichtung. Der Teig musste vor dem Backen sehr hart und kalt werden, und das tat er bei uns am besten im elterlichen Schlafzimmer - auf der Herrenkommode. Dort standen in jedem Jahr zwei große Schüsseln mit Teig, und darin fand man in jedem Jahr Spuren von Naschfingern – großen Fingern, die weder von meiner Mutter noch von uns Kindern stammten. Es passierten wundersame Dinge zur Weihnachtszeit: Der Weihnachtsmann, der schon damals sehr scheu war und sich bestenfalls den Erwachsenen zeigte, verlor schon Wochen vor dem Fest immer kleine Dinge aus seinem Sack, die wir – mit hilfreichen Tipps von meinem Vater – auch immer ums Haus rum fanden. Und wenn mein Vater abends unseren kleinen Laden abschloss, durften wir manchmal mit Wunderkerzen auf der kleinen Treppe unter den drei großen weihnachtlichen Leuchtsternen mit den vielen bunten Glühbirnen stehen und waren voller Vorfreude auf das Fest.

Auch da gab es feste Regeln: Meine Mutter schenkte meinem Vater immer eine große Schachtel Zigarren, die ich ihn außer am Weihnachtsabend nie habe rauchen sehen. Und mein Vater schenkte meiner Mutter immer eine große goldene Schachtel Lindt-Pralinen, auf die wir schauten wie auf ein Wunder. Besonders die in einen langen goldenen Kegel gehüllte Schokolade hatte es uns angetan, und eine oder zwei Pralinen gab uns unsere Mutter ab, bevor die Kiste gemeinsam mit den Zigarren im Wohnzimmerschrank verschwand. (Dass die Pralinenschachtel deutlich früher leer war als die mit den Zigarren, lag in der Natur unserer Dinge.)

Direkt daneben in einem anderen Fach der Schrankwand – wir befinden uns in den 70-ern! - war ein Plattenspieler. Auf dem gab alljährlich ein kleiner gescheitelter holländischer Junge im roten Rollkragenpulli sein glockenhelles Stimmchen zum Besten. „Weihnachten mit Heintje" – wie schön! Auf der Couch saß derweil mein kleiner gelockter Bruder, ebenfalls im Rollkragenpulli, und vielleicht träumte meine Mutter davon, dass er es einmal so weit bringen würde wie der kleine Holländer, der ja schließlich auch das Lied „Ich bau' dir ein Schloss" gesungen hat. Aber das ist reine Spekulation, und geringfügig anders gekommen ist es außerdem. Gesungen haben wir aber alle viel in dieser Zeit, über die Qualität lässt sich streiten. Ich habe mich als Kind gefragt, warum wir in der Kirche so oft Clo-o-o-o-o-o-Clo-o-o-o-o-r-Clo-o-o-o-o-ria singen mussten, und was das das mit einem Deo zu tun hatte, und mein Vater beschwerte sich, dass er im Gesangverein mit seinem schönen Bass bei dem Lied „Der kleine Trommlerjunge" die ganze Zeit nur „Ra pa pa pa pam" singen durfte. Und als ich schon älter war und eifrige Kindergottesdienst- und Jungschargängerin, beglückte ich an jedem Heiligen Abend meine Familie mit meiner Klampfe, zu deren ausdrucksstarkem Spiel ich inbrünstig das Lied „Alljährlich nehm' ich zur Winterszeit" sang – ein Stück, das mir später nie wieder irgendwo begegnet ist...

Seitdem sind viele Weihnachten vergangen, und es waren auch ein paar ganz schön traurige dabei. Doch beim Plätzchenbacken kamen nur die süßen, zuckrigen Erinnerungen zum Vorschein, die offenbar viel besser kleben! Gut so!

FAMILY LIFE

Freundschaft

Ein japanisches Sprichwort sagt: „Ein Freund ist ein Mensch, der dich mag, obwohl er dich kennt." Ein deutsches Sprichwort sagt: „Ein Freund ist ein Mensch, der dich mag, obwohl du zwei Wochen lang mit deiner fünfköpfigen Familie zum Duschen kommst." Und der danach immer noch dein Freund ist, könnte man hinzufügen. Wir hatten diesen Sommer ausgiebig Gelegenheit, unsere Freunde in dieser Hinsicht auf die Probe zu stellen, und, was soll ich sagen, da wo wir duschen, hinterlassen wir zwar Spuren, aber unsere Freunde blieben uns treu. Und auch sonst kann ich mich hinsichtlich unseres sozialen Netzes nicht beklagen: Wir haben Freunde, mit denen wir feiern und schweigen können, mit denen wir Ausflüge machen können und gemütliche Couchabende, Freunde, die unsere Kinder ab und zu da- und dorthin mitnehmen, Freunde, bei denen unsere Kinder übernachten dürfen, und Freunde, die sich für uns sogar Stunden, Tage und ganze Wochenenden im Krankenhaus um die Ohren geschlagen haben. Wie schön!

So schön, dass ich manchmal ein ganz schlechtes Gewissen bekomme, wenn ich das Gefühl habe, zu wenig zurückgeben zu können. Aber auch das ist Freundschaft: nicht aufzurechnen und nicht aufrechnen zu müssen. Wie früher im Mathematikunterricht tröste ich mich dann mit dem Gesetz der Großen Zahl, laut dem sich – zumindest für mein bescheidenes mathematisches Verständnis – am Ende alles wieder ausgleicht, auch wenn ich dieses praktische Gesetz beim Googeln erst gar nicht gefunden habe. Dennoch gibt es eben manchmal Anlässe – wie der Heißwassernotstand -, die einen mal kurz innehalten und nachdenken lassen. Einerseits über vermeintlich selbstverständliche Dinge wie Freunde und andererseits über ebenfalls vermeintlich selbstverständliche Dinge wie heißes Wasser. Es war NUR heißes Wasser, das uns fehlte. Dennoch fand ich bereits nach drei Tagen unser Dasein als Duschnomaden so unlustig, dass ich dem Heizungsbauer drohte, ihn in den Keller einzuschließen, um den Regenerationsprozess unserer Heizung ein wenig zu beschleunigen. Er zeigte sich davon unbeeindruckt. Es war nicht Wasser an sich: Wir hatten zu essen und zu trinken, wir hatten kaltes Wasser, unsere Waschmaschine und unsere Spülmaschine funktionierten, wir hatten nach wie vor, um das Ganze mal so richtig groß aufzublasen, alles was wir wollten und brauchten und viel mehr als das! Und während im Fernsehen die Bilder aus Ostafrika liefen, hatten wir Gelegenheit, darüber nachzudenken, wie gut es uns geht.

Natürlich haben wir viel zu tun, zu regeln, zu machen, auf die Pfanne zu bringen, und natürlich finden wir immer etwas, über das wir unzufrieden sein können, aber wir tun dies auf dem vielzitierten hohen Niveau. Ich finde, es lohnt sich, darüber manchmal nachzudenken und das vermeintlich Selbstverständliche, das unser Leben aber erst schön macht, zu würdigen, und sei es auch nur mal ganz kurz! (Nein, ich habe kein esoterisches Ich-bin-okay-du bist-okay-Seminar besucht und, nein, Sie werden mich auch in Zukunft nicht mit universell-erleuchtetem Blick durch Alsfeld schweben sehen, ich hab' nur mal wieder Anlass zum Nachdenken gehabt. Und wenn die Weisheit sich förmlich aufdrängt, soll man sie ja auch nicht jedes Mal abweisen!) Und wenn ich das dann tue, das Nachdenken, dann muss ich mir als erstes an die eigene Nase fassen, denn ein anderes japanisches Sprichwort sagt: „Der Weg zum Haus eines Freundes ist nie zu lang." Vielleicht sollten wir uns viel öfter mal auf solche Wege machen.

Essensreste

Manchmal ist es Zeit für ein wenig Ernsthaftigkeit, das Leben ist schließlich nicht nur lustig – das dachte ich, als ich diese Woche wieder einmal zwei Frühstücksbrote meiner Kinder in den Müll warf. Erst hatten meine Jungs sie wohl nicht im Ranzen gefunden oder dort vergessen, dann hatte ich sie im Kühlschrank vergessen, wo ich sie in der vergeblichen Hoffnung, es würde sie doch noch jemand essen, aufbewahrt hatte. Meistens endet so etwas genauso, denn, ehrlich gesagt, mag bei uns niemand altes Brot, egal, ob mit oder ohne Wurst.

Während ich das schreibe, überfällt mich das in diesem Fall durchaus angebrachte schlechte Gewissen und mein alter Grundschullehrer fällt mir wieder ein. (Bestimmt wundert er sich darüber, dass er hier erwähnt wird, falls er posthum von einer Wolke aus auf mich herunterschaut.) Er schimpfte uns immer ziemlich aus, wenn er wieder mal ein weggeworfenes Schulbrot im Müll fand. Meine Grundschulzeit ist ja nun schon eine Weile her, und der Lehrer war schon bei Jahren. Er war in russischer Kriegsgefangenschaft gewesen – was das bedeutete, war uns 70-er-Jahre-Kids völlig egal. Wir konnten damit nichts anfangen und fanden ihn eher schrullig. Und ich selbst fühlte mich ohnehin nicht angesprochen, denn ich habe – was wohl kaum jemanden verwundert – schon als Kind immer Hunger gehabt und ordentlich aufgegessen!

Später konnte ich in unserem kleinen Tante-Emma-Laden, den meine Eltern führten, beobachten, wie mit der unseligen Einführung des Mindesthaltbarkeitsdatums Frauen fortgeschrittenen Alters mit der Lupe nach der einzig erleuchtenden Zahl suchten und zeitgleich ihre über Jahrzehnte erworbene Erfahrung im Umgang mit Lebensmitteln über Bord warfen. Hier stand es doch schwarz auf weiß! Wieso noch riechen, schmecken, anschauen und fühlen? Wie schön ist es doch, wenn man genau gesagt bekommt, „Nein, das darfst du nun nicht mehr essen, das ist abgelaufen!" Irgendwie beinhaltet das ja auch eine Drohung: „Wenn du das jetzt isst, wirst du furchtbare Bauchschmerzen bekommen oder Salmonellen oder eine schlimme Krankheit! Und du wirst selbst daran schuld sein!" Wer will das schon? Seine komplette Familie mit abgelaufenem Zeug vergiften? Kein Mensch, also ab damit. Und so haben wir im Lauf der Zeit ganze Generationen von MHD-Fetischisten herangezogen, und es hat sich – auch aus den finanziellen Möglichkeiten, das bestehende Überangebot zu nutzen – eine ziemliche Wegwerfkultur entwickelt. Wer mag schon ein Käsebrot, wenn es in der Schulkantine erschwingliche Hot Dogs gibt? Wer mag schon braune, weiche Bananen, wenn daneben schon die frischen liegen?

Kein Mensch will bei uns mehr das restliche Brot, wenn der Bäcker schon neues geliefert hat, kein Mensch will die Reste vom Vortag essen, wenn für das Gros der Familienmitglieder ohnehin etwas Neues gekocht werden muss. Auf diese Weise versammeln sich im Lauf der Woche einige kleine Tupperschüsselchen im Kühlschrank, die nur den Zweck erfüllen, die Entsorgung und damit mein schlechtes Gewissen ein wenig hinauszuzögern. „Ich hab's nicht so gewollt", sage ich mir dann schließlich doch irgendwann, und schon wandert das ehemals gute Essen in den Müll und die Tupperschälchen in die Spülmaschine, was man ihnen bei ehrlicher Betrachtung auch noch hätte ersparen können. Doppelt schlechtes Gewissen also!

Was tun? Keine Ahnung. Bewusster einkaufen, bewusster leben? Das stellt sich sehr schnell als sehr anstrengend heraus, bedeutet es doch, nicht nur die Mengen im Auge zu haben, sondern auch die Produktion: Fair, ökologisch, regional soll es sein und das bitte nicht nur bei den Lebensmitteln, sondern auch bei den Klamotten, den Möbeln, bei allem, was man so kauft und konsumiert. Hilflos resignieren ist auch nicht so meins, aber das eigene Verhalten zu ändern, fällt zugegebenermaßen schwer. Bleibt mir, es immer nur mit kleinen Schritten zu probieren, vielleicht nicht getrieben von schlechtem Gewissen, sondern von dem Bewusstsein, dass es noch viel zu tun gibt und es immer ein wenig besser geht...

So, und nun nicht so viel einkaufen, nicht so viel kochen und immer schön aufessen, dann muss weniger in den Müll und es gibt prima Wetter!

Küchenerkenntnisse

Manchmal im Leben muss man in Abgründe sehen, wenn es hart kommt, sogar in die eigenen. So bietet der Abbau einer alten Küche unglaubliche Möglichkeiten der Selbsterkenntnis und des Grauens. Letzteres stellt sich ein, wenn man feststellen muss, dass in einem geheimnisvollen Prozess von Transformation – wie wir Jungsmütter wissen – sich unsichtbare Fettdämpfe mit Essenskrümeln und Staub zu einer klebrigen Schicht verwandeln, die in jede noch so unzugängliche Ritze einer Einbauküche kriecht, dort ausharrt und aushärtet, bis sie irgendwann einmal in die schreckgeweihten Augen einer peinlich berührten Hausfrau blickt, die erkennen muss, dass 100%-ige Reinheit genauso ein Werbemythos ist wie eine fröhlich putzende Kinder-Pingui-essende Mutter von fünf Kindern. Von versteinerten Pommes hinter der Fußleiste oder mumifizierten Überraschungseiern möchte ich gar nicht erst sprechen.

Ähnlich geheimnisvoll wie die Fetttransformation ist die vermutlich geschlechtslose Vermehrung von Kaffeetassen. Schon als Kind bekommt man sie geschenkt, mit Süßigkeiten gefüllt, zu Weihnachten mit Nikoläusen bestückt, bei jeder Pellet-Lieferung ist eine dabei, und beliebte Reisemitbringsel sind sie außerdem. Ich habe in meinem Leben schon so viele Kaffeetassen aussortiert, und dennoch ist der Schrank immer wieder voll – Kunststück: Dieses Mal kamen während des schwierigen Auswahlprozesses (Will ich mich tatsächlich von der Tasse trennen, die ich vor 26 Jahren aus der Mensa der Buchhändlerschule mitgenommen habe und deren brauner Teebelag inzwischen musealen Wert hat? Wird mein Mann jemals auf die Kindertasse mit seinem Namen drauf, aus der er in meiner Anwesenheit noch nie getrunken hat, verzichten können?) bereits vier neue Tassen als Geschenk hinzu. Wie soll man da Herrin der Lage werden, frage ich Sie!

Der nächste Abgrund: die Kochbücher und ausgeschnittenen Rezepte aus Feinschmecker-Zeitungen aller Art, die man hoffungsvoll kaufte, ausriss oder sammelte, ohne dass sie je zum Einsatz gekommen wären. Ich musste – jetzt schon allein mit Blick auf meine Kinderzahl - einsehen, dass die Zeit gekommen war, mich von dem Buch „Die raffinierte Singleküche" zu trennen, genauso wie von einer nie ausprobierten Lammbackform und den nach Minze schmeckenden Zahnstochern, die wir von der Hochzeitsreise aus Irland mitgebracht hatten. Auch das Hochzeitsgeschenk der Stadt Alsfeld – ein Kochbuch mit dem Konterfei des damals regierenden Bürgermeisters „du-weißt-schon-wer" - musste weichen und findet vielleicht eine neue Besitzerin im Gebrauchtwarenkaufhaus der „Neuen Arbeit", dort, wohin auch zahlreiche andere Relikte aus zwei vor fast zwanzig Jahren zusammengelegten Haushalten gewandert sind.

Nach Wochen des Abwägens und Aussortierens war die Zeit reif für mutige Erkenntnisse und noch mutigere Taten: Ich werde vermutlich niemals „Garnelen mit Rote-Bete-Risotto und Kokosmilch" zubereiten, sondern bei Bratwurst mit Zwiebeln und Kartoffelbrei bleiben. Auch wenn es schwerfällt: Ja, ich stehe eher so auf handfestes Essen, das ich von zuhause kenne und nicht so sehr auf „Sellerie-Haselnusspuffer mit Limettenschmand". Zumindest nicht in meiner Küche, auch wenn es sich noch so lecker anhört. Die mutigen Taten des beherzten Aussortierens gipfelten schließlich darin, sich endlich, 32 Jahre später, von dickknolligen Kristalltortenplatten zu trennen, die ich unsinnigerweise zur Konfirmation bekommen hatte – welch ein Befreiungsschlag!

Nun heißt es auf „Auf zu neuen Ufern" – den Erkenntnissen aus der Küchenaktion könnte man Erkenntnisse aus vergleichbaren Wohnzimmeraktionen, Büroaktionen, Kinderzimmer- und Abstellkammeraktionen folgen lassen. Aber nicht sofort, erst mal wird jetzt was Leckeres gekocht. Bohnengemüse mit Kartoffelwurst, zum Beispiel.

Mengenlehre

Die Mengenlehre, ein Teilgebiet der Mathematik, wurde zwar schon Ende des 19. Jahrhunderts von dem Mathematiker Georg Cantor begründet, für den deutschen Schulbetrieb meines Wissens aber erst in den 70er Jahren aktiviert. Da jedenfalls verzweifelten meine Eltern an dem Mathematikunterricht in der Grundschule, als wir Ganze, Teil- und Schnittmengen bilden mussten und die Definition von Menge als eine „Zusammenfassung M von bestimmten wohlunterschiedenen Objekten m unserer Anschauung oder unseres Denkens (welche die „Elemente" von M genannt werden) zu einem Ganzen" entweder verstehen oder zumindest auswendig lernen mussten, während vorher für jeden normal denkenden und bisher beschulten Menschen eine Menge einfach nur ziemlich viel war.

Die Mengenlehre im Besonderen ist ebenso wie die Mathematik im Allgemeinen nie so richtig mein Freund geworden – obwohl es Zeiten gab, in denen ich in diesen Fächern gar nicht so schlecht war. Kurze Zeiten zugebenermaßen. Und wie dem auch sei, verfolgen mich meine Defizite in der Mengenlehre noch heute. Und zwar tagtäglich im richtigen Leben.

Mir ist es beispielsweise noch nie, wirklich niemals gelungen, für meine Familie oder für Gäste die richtige Menge an Nudeln, Reis oder Kartoffelbrei zu kochen. Ist das nicht schrecklich? Es bedeutet ja auch, dass ich kein bisschen lernfähig bin, resistent geradezu. Und misstrauisch. Beispielsweise den Anweisungen auf einer Reispackung gegenüber: 1 Tasse Reis für zwei Personen – das reicht natürlich überhaupt nicht! Erst letztens wieder habe ich – nachdem ich nach Anweisung gekocht hatte – beim Anblick der Anzahl meiner Esser und des armseligen Reishäufchens im Topf noch mal schnell nachgekocht. Genau die Menge übrigens, die anschließend übrigblieb. Lag aber nicht an mir, lag daran, dass die Jungs irgendwie schlecht gegessen haben. Oder Spaghetti. Spaghetti! Mein Mann brachte damals einen Spaghetti-Portionierer von Tupper mit in die Ehe. Da waren so kleine Löchlein drin, durch die die richtige Menge Pasta passen sollten – die konnte ich einfach nicht ernst nehmen! Da portioniere ich lieber selbst – und weiß, was ich habe! Nämlich zu viel! Aus dieser ganzen Menge

M mit einer bestimmten Anzahl m von Nudeln werden somit zwei Teilmengen: die aufgegessene Menge und die übriggebliebene Menge. Die Schnittmenge befindet sich auf dem Teller der Zwillis, für die ich die Spaghetti gerne kleinschneide. Da habe ich aber gut aufgepasst in der Grundschule!

Und was im Lebensmittelbereich schon nicht klappt, das funktioniert natürlich auch in anderen Lebensbereichen nicht. Schuhe zum Beispiel sind ja bekannterweise Rudeltiere. Doch wie groß ist so ein Rudel Schuhe? Belegt ist bisher nur, dass ein Rudel Männerschuhe in der Regel etwa ein Viertel bis halb so groß ist wie ein Rudel Frauenschuhe. Und während man in einem Männerschuhrudel kaum Schnittmengen bilden kann, eignet sich so ein weibliches Schuhregal ganz hervorragend als Anschauungsobjekt für die Mengenlehre:

Da gibt es – sehr grob unterteilt - die Menge der Sneaker, der Sandalen, der Pumps, der Stiefeletten und der Stiefel. Daneben die Menge der roten Schuhe, der schwarzen Schuhe, der braunen Schuhe und der andersfarbigen Schuhe. Diese wiederum können Schnittmengen bilden – beispielsweise die Schnittmenge aus Stiefeletten und roten Schuhen. So weit, so klar. Aber wie viele Elemente m letztlich in den einzelnen Schuhmengen enthalten sind – das weiß ich nicht, ich habe aber eine Ahnung, dass es gegen unendlich gehen könnte.... Ganz schön viel oder? Bei meinen Recherchen bin ich übrigens darauf gestoßen, dass nach einer Studie des Verbraucherportals „gocompare" Frauen ab dem 14. Lebensjahr etwa sieben Paar Schuhe pro Jahr kaufen und somit mit 80 Jahren aus 462 Paaren wählen könnten. Das ist definitiv eine Ganze Menge, da werden mir selbst hartgesottene Mathematiker zustimmen können.

Mengenlehre hin oder her: Ganze Mengen – egal, ob Essen oder Schuhe - sind echt was Feines!

Neue Welten

„Wer immer das Gleiche tut, wird auch immer das Gleiche bekommen." Das sagte kein Geringerer als Thomas Alva Edison, der Erfinder der Glühbirne. Und das war ja nun nicht gerade eine Peanuts-Erfindung! Wenn man also selbst große Dinge hervorbringen will, dann muss man etwas tun, was man noch nie getan hat! Und wer will das wohl nicht? Also, ich schon!

Auf zum Töpferabend also! Die Schule meiner Zwillis hatte eingeladen, und wenn Sie nun denken, was ist denn daran ungewöhnlich, dann sei Ihnen gesagt, dass ich, Mutter dreier Kinder, noch nie im Leben einen Bastelabend besucht habe, noch nie in akribischer Handarbeit auch nur eine einzige Schultüte selbst hergestellt habe und auch noch niemals eine selbstgebastelte Einladung verschickt habe. Erstens bin ich jetzt nicht so der Fan von allen möglichen Fensterbildern, zweitens stelle ich mir das Basteln von Laternen auf kleinen Kindergartenstühlchen sitzend äußerst unbequem vor und drittens gibt es letztendlich ja alles zu kaufen. Das finden Sie unromantisch? Ist es auch! Aber auch schön bequem!

Und dann flog sie mir ins Haus, die Einladung zum Töpferabend – wäre ja vielleicht mal ein Einstieg, oder? Eine neue Welt wartete auf mich! Was lag also näher, als sich zwei Freunde zu schnappen und es mal auszuprobieren? Die Frage war nur, was nimmt man mit? Etwas Süßes oder vielleicht ein Fläschchen Wein? Sollte ja schließlich auch gemütlich werden...

In der Schule gab es Mineralwasser und Apfelsaft und eine Schäfchengruppe und eine Wichtelgruppe. Meine Freunde saßen schon bei der Wichtelgruppe und kneteten, was das Zeug hielt, als ich kam. Ich setzte mich dazu. Wichtelköpfe, Wichtelmützen, Wichtelnasen und Wichtelbärte. Keine zehn Minuten an der Arbeit, schon hatte ich einen hochroten Kopf, auch ohne Wein. Es kann doch nicht so schwer sein, eine Wichtelmütze zu töpfern, oder? Schließlich hatte ich schon vor egal wie vielen Jahren mal einen Töpferkurs bei der Volkshochschule besucht. Da war ich noch kinderlos, trug eine lila Latzhose und Entenschuhe, und die Welt hielt noch viele Überraschungen für mich bereit. Aber das nur am

Rande. Wenigstens wusste ich nun wieder, warum ich Bastelabende nicht mochte. Es lag nicht am Apfelsaft.

Als ich an der Wichtelmütze zu scheitern drohte, eilte mir die nette Töpferexpertin zu Hilfe. „Sie sind nicht unbegabt", tröstete sie mich. „Sie haben nur so eine Haut, die den Ton zu schnell austrocknet beim Kneten." Ist das nun gut oder schlecht? Rund um mich herum entstanden Wichtel mit Bommeln an den Mützen, mit ZZ-Top-Bärten, mit Mexikaner-Hüten, während ich mich noch mit der ersten kleinen Wichtelmütze abmühte. Vergebens. „Machen Sie mal eine kreative Pause, Frau Schlitt", riet mir die Cheftöpferin. „Pausen sind nicht so meins", antwortete ich hektisch und knetete stumpf an dem zweiten Wichtel weiter, während der erste seine Mütze aus Meisterinnenhand bekam. Ich setzte sie ihm auf, drückte sie an und setzte meinen ersten Wichtel auf das Brett zu den anderen. Sooo schlecht sah er nun auch nicht aus, fand ich, und signierte ihn heimlich. Nicht, dass ich irgendwie stolz gewesen wäre oder so...

Der zweite Wichtel flutschte nur so durch – er wurde richtig gut, hatte einen so großen Bart, als ob er sich ein Schaf vom Nachbartisch um die Knubbelnase gelegt hätte, und die Riesenmütze hing geheimnisvoll über seinen nicht vorhandenen Augen. Er stand da wie eine Eins! Darauf ein köstliches Mineralwasser! Cheerio! Kurz vor Ende des Töpferabends schnappte ich mir schnell den letzten Rest des Tons und fing meinen dritten Wichtel an. Um mich herum räumten sie schon ab, aber ich war wie im Fieber. Der Kopf, die Nase, die Mütze, der Bart! Alles war schon abgeräumt, die Schafe schon im Keller, die Plätze schon geputzt, nur der neue Star am Töpferhimmel saß noch eifrig über seinem dritten Wichtel und meldete sich als Erste, als gefragt wurde, wer zum nächsten Töpferabend kommen wolle. Ich natürlich!

Hatte ich jemals etwas anderes behauptet?

Wir-Gefühle

„Mama, der kleine Mülleimer im Bad ist voll – den müssen wir mal ausleeren!" Sprach's, ließ alles, was aus dem überfüllten Behälter herausgequollen war, liegen und verschwand. Mit „wir" fühlte sich mein Kind definitiv selbst in keinster Weise angesprochen, nicht mal von sich selbst! Warum auch? Bei uns in der Familie herrscht ein ganz besonderes Wir-Gefühl, besonders dann, wenn Aufträge zu vergeben sind: „Wir", das sind nämlich nicht, wie im grammatikalischen Sinn gemeint „ich selbst und noch mindestens ein anderer", sondern „auf keinen Fall ich selbst, aber mindestens eine andere." Klingelt's bei Ihnen? Genau! „Wir – c'est moi", wie der Sonnenkönig sagen würde, mit dem ich – hoffentlich – keine Ähnlichkeit habe!

„Die Wurst ist alle - wir sollten wieder mal zum Metzger gehen!" „Haben wir eigentlich noch Bier? Nein? Dann müssen wir unbedingt wieder mal Getränke holen." „Wir sollten hier dringend wieder mal richtig aufräumen!" - Schön, wenn in einer Familie ein so einträchtiges Wir-Gefühl an der Tagesordnung ist, auch wenn ich mich, speziell beim Bierholen, frage, ob ich mit der Emanzipation nicht irgendwas falsch verstanden habe...

„Machen wir doch gerne", denke ich so vor mich hin und komme mir doch ein wenig vor wie Louis XIV, denn schließlich wurde diese Mehrzahlform, die vorgeblich viele einschließt, aber nur einen meint, ja für Leute wie ihn erfunden: „Der Pluralis Majestatis ist die Bezeichnung der eigenen Person im Plural als Ausdruck der Macht", heißt es bei Dr. Wikipedia, und weiter: „Hintergrund der Wahl der Mehrzahl ist, dass Monarchen und andere Autoritäten immer für ihre Untertanen und Untergebenen sprechen und gleichzeitig eine Hervorhebung der eigenen Person stattfindet." Da scheint es mir bei genauerem Hinsehen aber eher so, dass bei uns zuhause alle Herrschaften außer mir die Autoritäten sind, die es sich erlauben können, in der Pluralform zu sprechen, ohne etwas tun zu müssen... Übrigens sollen selbst Päpste den Pluralis Majestatis in früheren Zeiten verwendet haben – damals, als es mit Sicherheit nur einen ihrer Gattung gab.

Neben dem Pluralis Majestatis kommt auch gerne der Pluralis Auctoris zur Anwendung. Der würde eigentlich ganz prima zu mir passen, da es sich hierbei um den „Autorenplural" handelt, eine Mehrzahlform also, die nur Autoren anwenden, etwa wenn sie das Einverständnis ihrer Leserschaft voraussetzen, wie bei „Darüber wollen wir an dieser Stelle lieber schweigen". Was ich selten tue, wohlgemerkt.

Dann vielleicht doch lieber der Pluralis Modestiae – eine weitere Mehrzahlform, die Bescheidenheit ausdrückt. Können Sie sich für mich nicht vorstellen? Ist aber so! Denn wenn ich beispielswiese sage: „Hier ist die Wurst, die haben wir soeben besorgt", dann beanspruche ich das Lob für diese große Tat nicht für mich alleine, sondern verteile es auf meine majestätischen Mitbewohner – genauso wie die Wurst selbst.

Ja, ja, es gibt eben Menschen, für die gilt der Pluralis Majestatis (WIR) und für andere der Pluralis Modestiae (wir), so ist das eben! Wenn es also heißt „WIR sollten uns bald mal um die Weihnachtsgeschenke kümmern", folgt daraus zwar am Ende nicht unbedingt, dass WIR sie auch gekauft haben, sondern wir. Allerdings werden die von uns ausgewählten Sachen UNS vermutlich gar nicht gefallen, so dass WIR am Ende darum bitten müssen, dass wir sie mal bitte umtauschen. Ich hoffe, Sie können uns folgen.

Und falls nicht, fragen Sie uns einfach, wenn Sie uns das nächste Mal sehen, denn für Rückfragen stehen wir Ihnen gerne zur Verfügung! Nur bei der Frage, ob Sie bei sich zuhause WIR oder wir sind, können weder WIR noch wir Ihnen weiterhelfen!

Frustrationszahlen

Zahlen sind laut Definition abstrakte, mathematische Objekte beziehungsweise Objekte des Denkens, die sich historisch aus Vorstellungen von Größe und Anzahl entwickelten. Das heißt doch, wenn sich irgendwann ein Mathematiker mal was anderes ausgedacht hätte, wenn er was anderes geraucht oder getrunken hätte, hätten wir jetzt ganz andere Zahlen, oder? Vielleicht würden sie „grün" und „blau" heißen, oder die acht käme als erstes oder wie auch immer! Verstehen Sie, was ich meine?! Nein? Genau!

Zahlen, finde ich, haben immer sehr den Hang, ihre Nutzer zu irritieren und zu frustrieren. Und das nicht nur bei so banalen Dingen wie dem Alter und dem Kontostand. Nein, schon in der Schule wurden die Zahlen und ich nie so richtig Freunde – ich erwähnte es wohl schon mal. Noch heute träume ich davon, dass ich den Matheunterricht schwänze und völlig unvorbereitet in der Mathearbeit sitze. (Ersteres entbehrt in der Tat jeder Grundlage, meine lieben Söhne!) Ein kurzfristiges Mathematikhoch während meines Studiums verdanke ich nur dem selbstlosen Einsatz meiner Freundin Andrea, und dann war es auch schon wieder aus damit. Aus diesem Grund bin ich später wohl auch Schreiberling und nicht Rechnerling geworden.

Wenn ich also mal wieder grundlos gut gelaunt bin, fange ich an zu zählen. Zum Beispiel beim Einkauf. Ein immer wiederkehrendes Ritual, dessen Häufigkeit ins Unendliche geht, was schon an sich Grund genug zum Verzweifeln wäre. Wenn man dann aber anfängt, zu zählen, wie oft man jedes einzelne Ding anfasst – vom Einkauf bis zur wie auch immer gearteten Entsorgung – gerät so jemand wie ich zumindest schnell an seine mathematischen Grenzen: 1. Aus dem Regal holen und in den Einkaufswagen legen. 2. Vom Einkaufswagen auf die Kasse legen. 3. Von der Kasse in den Einkaufswagen legen. 4. Vom Einkaufswagen in die Einkaufstasche legen (Früher konnte ich 3 und 4 zusammenfassen und sogar während des Einkaufs nach Bestimmungsort sortieren: eine Tasche für Kühlschrank, eine Tasche für Vorratskammer. Im Zeitalter der Scanner und proportional zur Menge des Einkaufs sowie zum eigenen Lebensalter und Fitnesszustand wird dies zunehmend unmöglich. Man stößt mit solchen Aktionen außerdem nur bedingt auf das Verständnis der Kassiererin, deren Platzverhältnisse an der Kasse nicht für größere Sortieraktionen ausgelegt sind. Außerdem würde dies die Einpackdauer um etwa eine Minute verlängern, was die hinter mir Wartenden gar nicht gerne sehen und bestenfalls mit einem Kopfschütteln quittieren.) 5. Alles zusammen vom Auto in die Wohnung tragen. 6. Alles ausräumen und sortieren. 7. Einkäufe wahlweise im Kühlschrank, Vorratsraum oder sonst wo platzieren. 8. Artikel zu seiner – hier mal der Einfachheit halber vorausgesetzten einmaligen – Bestimmung hervorholen, zum Beispiel auf den Esstisch stellen. 9. Esstisch abräumen. 10. Verpackung wegwerfen. 11. Müll rausbringen. Diese Berechnung ist noch sehr freundlich – sicher fallen Ihnen noch viele weitere Zwischen-Anwendungsfälle ein, die meine Zahlen in astronomische Höhen treiben können.

Apropos astronomische Höhen: Auch die wöchentliche Wäsche bietet Anlass zur Frustration - aber wem sag' ich das? Berechnet man beispielsweise mal die Anzahl der wöchentlich zusammenzulegenden Socken in einem Fünf-Personen-Haushalt, kommt man sage, schreibe und rechne auf die stolze Zahl von 35 Paar Socken, macht 70 einanderzuzuordnende Einzelteile, zu sortieren nach Größe und Besitzer, unter der Voraussetzung, dass keine Socke fehlt und mit besonderem Schwierigkeitsgrad bei unterschiedlichen schwarzen Socken aus dem unerschöpflichen Sortiment des Kaffeerösters meines Vertrauens. Jede Woche. Zieht man hier mal – wie immer wohlmeinend – vier Wochen sockenlose Zeit im Sommer ab, kommt man auf 48 Wochen im Jahr, macht 1680 Paar Socken im Jahr und zugleich 3360 Einzelstücke. Irre, oder?

Manchmal sind Zahlen aber auch was Schönes: 3 zum Beispiel, die Anzahl meiner Kinderschar. Oder 2015. Wir können jetzt mit aller Kraft versuchen, dies zu einer ganz wunderbaren Zahl werden zu lassen. Einschließlich heute liegen dazu noch 364 Tage vor uns. Hören wir auf zu zählen, machen wir es uns schön!

Tatütata

Ihnen kann ich's ja sagen: Mein Mann läuft ständig weg! Beim kleinsten Geräusch lässt er alles liegen und stehen, Haustiere, Besteck oder Werkzeuge fliegen in die Luft und – schwupp – weg ist er. Gemütlich auf dem Sofa? In Feierstimmung auf der Silvesterparty? Oder nachts im seligen Schlummer? Alles keine Tabuzonen – mein Mann hat so ein Gerät, das er immer mit sich rumschleppt, und wenn der Mann am anderen Ende des Gerätes meint, es wäre nötig, dann drückt er auf sein Knöpfchen und setzt damit in verschiedenen Haushalten das gleiche Szenario in Gang. Selbst vor dem Arbeitsplatz macht dieses Ritual nicht halt, wie man mir aus zuverlässiger Quelle versicherte. Wohin mein Mann dann mit einem Affenzahn, Warnblinkanlage und unter großzügiger Auslegung der Verkehrsregeln fährt, weiß ich nicht.

Man munkelt, es gäbe da so ein Gebäude, in dem er sich mit den anderen trifft, viele Männer, wenige Frauen. Dort tauschen sie ihre Klamotten und steigen in rotgetarnte Fahrzeuge, um zu einem neuen, bis vor kurzem auch ihnen noch völlig unbekannten Ziel aufzubrechen. Dabei machen sie einen Höllenlärm. Was sie dort vorfinden, ist für sie immer wieder eine Überraschung, sagt mein Mann. Manchmal ist er nach zehn Minuten zurück und geht wieder an sein Werk, als sei nichts gewesen, manchmal ist er Stunden weg. Manchmal sogar Tage. Dann zeigt er mir später Bilder in der Zeitung oder im Internet, wo er angeblich drauf ist: Ein Trupp bis zur Unkenntlichkeit vermummter Gestalten, die sich vor, in und über brennenden Gebäuden tummeln, verschreckte Kätzchen aus einem alten Becken retten oder auf der Autobahn ein Auto aufschneiden. So Jungsspiele eben.

Als ich meinen Mann kennenlernte, rannte ich in der Nacht manchmal mit raus, öffnete Türen und Tore, damit er schneller wegkam, aber mit wachsender Kinderzahl hat sich diese Begeisterung zugunsten des Schlafbedürfnisses gelegt. Nicht so bei ihm. Wenn es irgendwo brennt, kracht oder sonst was ist, rennt er hin. Genauso wie die anderen in seinem Verein. Sie schöpfen Wasser aus den Kellern, öffnen Haustüren, suchen Verletzte im Wald, räumen Äste von den Straßen. An Feiertagen wie Silvester sitzt eine Gruppe von ihnen in besagtem Gebäude bei Cola und

Wasser, um bereit zu sein, wenn jemand sie braucht. Wenn Sie sie brauchen. Kaum einer weiß das, es ist ein Geheimnis! Wenn einer von ihnen in Urlaub oder auf Geschäftsreise fährt, meldet er sich ab und sucht einen Vertreter für seinen Job. Nur damit alles geregelt ist, falls jemand Hilfe braucht. Sie tun dies freiwillig und ohne dafür irgendetwas zu bekommen. Höchstens mal ein Kopfschütteln oder eine Anzeige, wenn sie zu schnell auf dem Weg zu dem geheimnisvollen Gebäude sind.

Sie fragen, aus welchem Grund man so etwas tut? Helfersyndrom? Nächstenliebe? Adrenalin? Wahnsinn? Ganz egal. Aber jedes Mal, wenn mein Mann mich mit Arbeit, Haushalt und Kindern auf unbestimmte Zeit daheim rumstehen lässt, denke ich: So einen Verein gründe ich auch! Ich würde nur Mütter aufnehmen und ihnen so ein kleines Gerät geben. Wenn sie mal eine Auszeit brauchen, geben sie ein Signal und schon ertönt bei ihnen ein Geräusch. Dann springen sie auf, rufen „Einsatz", lassen alles liegen und stehen, werfen Kochlöffel, Bügeleisen und Kind von sich und verschwinden. Wohin? Weiß man nicht! Wie lange? Weiß man nicht! Und wenn sie zurückkommen, dürfen sie sich auch noch ganz in Ruhe frischmachen. Schließlich kommen sie von einer wichtigen Mission! Wow!

Ja, ich weiß, das ist was ganz, ganz anderes, aber die Idee ist gut, finden Sie nicht, liebe Mütter?! Nichtsdestotrotz und obwohl mein Mann manchmal auch in den unpassendsten Momenten das Weite sucht: Vielen Dank, liebe Feuerwehr. Ehrlich. Und wenn ich meinen Mann mal brauche, wenn er nicht da ist, dann weiß ich ja, wie es geht: Einfach die 112 wählen und ruckzuck ist er da! Verkleidet und mit allen seinen Kumpels zwar, aber besser als nix, oder?!

Ach ja, und falls das mit meinem Verein klappt, lasse ich es Sie wissen, meine Damen!

Die K-Frage

„Traudilein, zieh dir etwas Ordentliches an und mach dir nicht so ein Muster!" Das sagte meine Mutter zu mir. Nicht etwa vor vierzig Jahren, da auch, aber das letzte Mal, dass sie es sagte, war vor gut zwei Monaten, nur wenige Wochen nach meinem 48. Geburtstag. Es war kurz vor meiner allerersten Lesung überhaupt, die zu allem Überfluss in meinem Heimatdorf stattfand. Und wenn ich dort mit Jeans und einem darüber getragenen Hüftschmeichler aufgetaucht wäre - gar nicht auszudenken!!!! Was sollen denn die Leute denken!

Ja, ja die K-Frage! Seit ich denken kann, ist die Kleiderfrage bei uns großes Thema und rückblickend – rückblickend, wohlgemerkt! – kann ich es auch manchmal verstehen, denn was ich in meiner Sturm- und Drangzeit so unter Mode verstand, entsprang größtenteils den Nachlässen meiner Großväter und Großonkel: Männerhemden aller Art, braune Wildlederjacken (von denen ich übrigens noch heute eine im Schrank habe), und natürlich das Jackett von Opas Hochzeitsanzug. Für meine Eltern, die stets adrett in weißen Kitteln hinter der Theke unseres kleinen Edeka-Ladens standen, war das starker Tobak. Für mich vielleicht nur die Antwort auf die seltsame Mode der Achtziger: Schlabberlook und Entenschuhe gegen Schulterpolster und Neonfarben. Letztlich war es aber auch ein pragmatischer Umgang mit den Shopping-Möglichkeiten: Das Geld war knapp, der Bus nach Fulda fuhr selten und das Internet war noch nicht erfunden. Einer meiner Großonkel war Postbeamter. Aus seinem Fundus hatte ich mindestens zehn hellblaue Posthemden – gottseidank ohne Emblem -, lang, mit Schlitz! Was für mich eine stilistische Offenbarung war, trieb meinen Eltern regelmäßig den Angstschweiß auf die Stirn. Und das, wo sich meine Schwester doch schon immer so ordentlich anzog, sich früh schminkte und auch nie ungekämmt aus dem Haus ging! Was war bei mir wohl schiefgelaufen?

Als die K-Frage eines Tages wieder einmal einen ihrer häufigen Höhepunkte erreichte, schwor ich mir: Sollte ich jemals Kinder haben, würden diese in Sachen Style und Klamotten alles machen dürfen, was sie wollen. Und was machen sie aus dieser Freiheit? So gut wie nichts. Alles Mainstream – Gott sei Dank! Denn zur Zeit meines juvenilen Schwurs waren es lediglich ein paar Hippies, Ökos und Punks, die das modische Bild ein wenig aufheiterten und das Spießertum der Popper und anderer Zeitgenossen ein wenig bunter machten. Als ich später - als Erwachsene und als Mutter - aber erstmals Jugendliche sah, deren Hosen weit unterhalb der Gürtellinie schlabberten, deren riesengroße völlig zweckentfremdet getragenen Turnschuhe nicht mehr gebundenen wurden, und die sich zu allem Überfluss ganz merkwürdige Ziegenbärtchen stehen ließen, dachte ich an meinen Schwur und schluckte. Ich müsste es meinen Kindern erlauben, dachte ich, nicht zuletzt in der Hoffnung, dass ich dann wohl einfach meinen Mann diesen Streit austragen lassen müsste. Spätestens aber seit dieser Mode, wo man sich die Ohrläppchen aushöhlen lässt, und Reifen unterschiedlicher Größe - „Flesh Tunnel", also „Fleischtunnel" genannt - in den Hautrand quetscht, bin ich zumindest geneigt, über die Dauer meines Schwurs nachzudenken. Ich meine, 35 Jahre sind ja eine lange Zeit, finden Sie nicht? Allerdings gebe ich zu, dass es die jungen Leute heute auch schwer haben: Tragen sie mit Absicht zerrissene Hosen, machen ihre Alten es ihnen nach! Tragen sie Turnschuhe ohne Bändel, machen ihre Alten es ihnen nach. Holen sie sich Hoodies aus einem Billigladen, kaufen sich ihre Alten die stylishen teuren Kapuzenteile im Designerladen und tragen sie unterm Anzug! Mütter sehen aus wie ihre Töchter, es gibt kaum noch optische Möglichkeiten für die Nachfolgegeneration sich abzugrenzen. Die Nachfolgegeneration in unserem Haus hat das irgendwie auch gar nicht vor – im Gegenteil!

Und ich? Ich trage immer noch gerne komische Sachen wie Röcke über Jeans und lange Schlabberkleider mit Cowboystiefeln, aber die Hemden meiner Opas sind schon lange im Sack. Und wenn ich nach Heubach fahre, dann suche ich mir stets was extra Ordentliches. Das dauert zwar immer ein bisschen und manchmal ist es auch heute noch nicht richtig, aber so sind Mütter halt. Immer was zu meckern. Wenn das keine Liebe ist! Stimmt's Jungs?!

Morgen ist Muttertag! Seid nett zu euren Müttern! Verwirrt sie nicht mit ungeübter, aktionistischer Hilfe im Haushalt – kauft ihnen einfach das schöne rote Handtäschchen aus dem Laden in der Altstadt!

Konfi-Modus

Es war Himmelfahrt, Tag -3, wenn man die Zwilli-Konfirmation auf Tag 0 setzte. Und ja, ich hatte schon längst vor, in den Konfi-Modus zu wechseln. Überall türmten sich die To-do-Listen, Gästelisten und Einkaufszettel, allzeit bereit, ständig neue Infos aufzunehmen – Papier ist ja geduldig, sofern man es nicht verlegt... Die Aufregung im Haus steigerte sich minütlich, nur ich kam nicht vom Schreibtisch los. Bis das gnädige Schicksal in Form einer unbedachten Handbewegung mir zu einem totalen Office-Abschuss am PC verhalf: Keine Mails mehr, kein Schreibprogramm mehr – der Konfi-Modus hatte sich militant Bahn gebrochen, jetzt gab es kein Entrinnen mehr.

Der Konfi-Modus ist etwas, das besonders Frauen – dem Weihnachts-Modus nicht unähnlich – unvorbereitet trifft und sie zu neuen, noch größeren Höchstleistungen anspornt. Schon Monate vor der heißen Phase kurz vor dem hohen Fest wirft er seine Schatten voraus: Die Wahl der Location samt Essen und Deko, den schweiß- und (an der Kasse) tränentreibenden Kauf von Klamotten und Schuhen (zumal im Doppelpack), das Verteilen der Kuchen auf ehrenamtliche Bäckerinnen und Bäcker (Kleiner Tipp für die kommenden Feste: selbst ein Viertel Kuchen pro gerechnetem Gast ist noch zu viel, wie sich leider wieder einmal erst im Nachhinein herausgestellt hat. Und ja, auch dieses Mal ist der in Panik gebackene Ersatzkuchen natürlich übriggeblieben.), das Organisieren der Kirchendeko, die Elternabende und geheimen Chorproben und all die vielen kleinen Dinge, die ich schon wieder vergessen habe, geben einen Vorgeschmack auf die Tage -3 bis 0.

Im Konfi-Modus selbst heißt es dann einkaufen, backen, Stühle von Freunden holen, Tische von Nachbarn holen, Wohnzimmer ausräumen, um Platz für die geliehenen Stühle und Tische zu machen, dabei mal eben an den Stellen durchwischen, die seit der letzten Konfi kein menschliches Auge mehr gesehen hat, Geschirr von Freunden holen, feststellen, dass die Servietten nicht reichen, neue kaufen, Kinder zum Friseur bringen, selbst zum Friseur gehen, Fingernägel machen lassen, Ersatzstrumpfhosen kaufen (denn nur wenn man eine Ersatzstrumpfhose dabei hat, hält die angezogene Strumpfhose), auf die Wetter-App schauen, drinnen und draußen decken (für alle Fälle), den eilends am Samstag herbeigeeilten IT-Mann unschuldig anschauen („Ich hab' gar nichts gemacht!"), Fototermin mit den Kindern wahrnehmen, dem IT-Mann einen Kaffee und eine Nussecke kredenzen, froh sein, dass sich am Vorabend der Konfirmation die neuen schwarzen Konfi-Socken doch noch wiedergefunden haben, feststellen, dass keiner an die Blumen für den Pfarrer gedacht hat, der Abend von Tag -1 naht, überlegen, was man alles vergessen hat, komatös einschlafen, die Nacht wird kurz!

Über den Morgen von Tag 0 wollen wir nicht sprechen – schließlich soll an diesem Tag das hohe Fest im Mittelpunkt stehen. Später in der Kirche sah ich mit Schrecken, dass die Socken meiner Konfirmanden nicht richtig hochgezogen waren und deshalb ein roter Rand und weiße Beine unter den Anzugshosen hervorlugten. Den Zahnpastafleck auf dem Hemd des einen verdeckte gnädigerweise das Sakko. Ich musste während des Gottesdienstes kaum weinen. Es war alles gut! Bis auf die Kleinigkeit, dass ich aufgrund eines Missverständnisses noch ohne Chauffeur vor der Kirche stand, während alle anderen schon im sieben Kilometer entfernten Lokal ihren Cocktail schlürften und die Handys noch aushatten. Aber was soll's, wir wollen ja am Schluss nicht noch pienzig werden!

Wer nun allerdings denkt, dass mit Tag 0 der Konfi-Modus automatisch endet, den muss ich eines Besseren belehren. Noch heute, am Tag 6, ist nicht alles wieder so wie es war, dabei klopft doch der Alltag schon wieder mächtig an! Noch sind nicht alle Geschenke verstaut („Das ist ein Nacherleben und keine Unordnung", tröstete mich unsere Logopädin. Danke!), die geliehenen Sachen noch nicht wieder alle vor Ort (eilt ja jetzt nicht mehr so), die Kuchen sind gerade so aufgegessen, die Deko noch nicht verräumt. Und damit Sie jetzt mal eine richtige Vorstellung davon kriegen, was für einen Stress ich hatte: Am Tag -1, vergangenen Samstag also, erreichte mich ein Tchibo-Paket mit der neuesten Helene-Fischer-Kollektion. Was meinen Sie, wann ich das ausgepackt habe? Gestern. Kein Witz! (War übrigens nichts für mich dabei, ich bin wohl nicht so der Helene-Fischer Typ.) Gut, dass ich trotzdem noch was zum Anziehen hatte. Die nächste Feier kommt bestimmt!

JEDE MENGE ALLTAG

Das Wetter

Über was schreibt die verzweifelte Kolumnistin wohl, wenn sie feststellt, dass der Abgabetermin naht und aus der umfangreichen Ideensammlung noch nichts Nennenswertes entstanden ist? Entweder darüber, wie schnell doch die Zeit vergeht (das hebe ich mir noch mal auf), oder, richtig, übers Wetter!

„Das Wetter", sagte einst Ulrich Wickert mit charmantem Lächeln auf den Lippen (Erinnern Sie sich? Vorher hatte er immer noch eine schlaue Anekdote oder ein gutes Sprichwort kundgetan, das es allein schon wert war, zum Ende der Tagesthemen wieder aufzuwachen.), und dann kam die metallische Stimme zu dem immer gleichen Bild mit Wolken, Sonne, Regentropfen und manchmal auch einem Blitz. Wieso muss man eigentlich das Wetter so lieblos von einer kalten Roboterstimme vorhersagen lassen, dachte ich mir damals, und wie groß war meine Freude, als ich – zu dieser Zeit vorübergehend in Baden-Württemberg zuhause – im Radio die Bekanntschaft eines jungen Schweizer Meteorologen machte, der das Wetter beschrieb wie einen guten Freund, wie ein Ereignis, oder, wenn es das damals schon gegeben hätte, ein täglich neues Event. Und wie begeistert war ich, als eben dieser Mensch den Berufsstand des „Wetter-Moderators" erfand und bald jeden Abend mit seiner Mannschaft – darunter auch eine „Wetter-Beauty" (nein, das Wort ist leider nicht von mir, sondern war Frau Kleinerts Bezeichnung in einer Talkshow) - nach den Tagesthemen die Wetteraussichten kundtat, die zudem, aus werbetechnischen Gründen, einen eigenen Platz in der Programmgestaltung der öffentlich-rechtlichen Sender bekamen und nicht länger nur quasi der Wurmfortsatz der Nachrichten-magazine waren.

Doch irgendwie, so scheint es, kann man es mir nicht recht machen, denn lange, bevor der Schweizer Wettermann sich wegen seiner merkwürdigen privaten Vorlieben zumindest für den Moment vom Bildschirm verabschiedet hat, ging mir das Ganze zunehmend auf den Keks. Ich merkte, wie ich den Wetterbericht zwar geschaut hatte, aber hinterher gar nicht wusste, wie das Wetter nun wird am nächsten Tag. Ich habe die „Mutter aller Strömungsfilme" gesehen, ich weiß, wie hoch die bisherige

Regenmenge in der Unterlausitz ist, ich habe von sich mühsam vorarbeitenden Gewitterfronten und von sich umwandelnder Restfeuchte gehört und von freundlichen Spalten, durch die die Sonne ganz vereinzelt blickt. Und ich habe gelernt, dass ein Cumulonimbus und ein Altocumulus nichts Unanständiges sind, sondern schlichte „Haufenwolken".

Irgendwo zwischendurch und vor dem nächsten Programmhinweis – denn das machen die netten Wetter-Moderatoren gleich mit - kam das Wetter, aber es hatte sich mir nicht erschlossen. Gut, dass mir das dennoch ziemlich wurst ist, denn ich ziehe es immer noch vor, morgens mal vor die Tür zu gehen oder einen Blick in Richtung Himmel zu schicken. Dann weiß ich zwar nicht, wie das Wetter wird, aber ich weiß, wie es ist! Und dann kann ich mich auch ganz aktuell darüber freuen und muss nicht wie zwei Herren, die ich mal in der Obergasse belauscht habe, schon an einem sonnigen Tag darüber sauer sein, dass „sie ja morgen schon wieder schlechter machen". Was, wenn das nicht stimmt? Dann habe ich mich quasi schon mal vorab über etwas geärgert, was gar nicht stattfindet!

Ich finde, das Wetter ist etwas Feines, und ich brauche auch keine Wetter-App, die mir minütlich mitteilt, ob ich die Jacke an- oder ausziehen muss. Ich pflege meine körpereigenen Sensoren und riskiere dabei auch mal, zu kalt oder zu warm angezogen zu sein oder auch mal nass zu werden. Dann tröste ich mich mit einem schlauen Spruch, dessen Urheber ich gerade nicht weiß: „Regen ist doch nicht schlimm – das meiste geht sowieso daneben!"

Spam-Alarm

Es gibt viele Dinge zwischen Himmel und Erde, die muss man nicht verstehen und die kann man vielleicht auch nicht verstehen. Da ist zum Beispiel die Frage, warum ein geschmiertes Marmeladenbrot immer mit der Marmeladenseite auf den Boden fällt, wenn es fällt, oder das Mysterium, dass meine Mutter aus achtzig Kilometern Entfernung genau weiß, wann ich auf der Toilette sitze, um dann anzurufen (was auch umgekehrt gut funktioniert).

Doch das sind nicht die wirklich lästigen Dinge. Nein, lästig ist etwas, das in den Sphären des World Wide Web umher schwebt und alltäglich, um nicht zu sagen stündlich, bei mir auf dem Laptop landet. Ich dachte lange Zeit, die Spam-Mails, die sich in meinem Fall zumeist auf zwei ganz bestimmte Werbe-Themen beschränken, kommen direkt aus dem Nirwana des Internet auf meinen Schreibtisch, aber ein Blick auf die Endungen der Mail-Adressen ließ mich bei meinen Recherchen ganz profan auf Indien, Ungarn und Rumänien schließen. Und von dort erreichte mich kürzlich eine eindeutige Aufforderung (wohl in der Annahme, ich sei mein Mann): *„So machen Sie Ihre Frau ganz wild!"*. Und natürlich ging es dabei nicht um die Auseinandersetzung darüber, was die Kinder zu Ostern bekommen und was nicht, sondern es ging um – klar – Viagra. Die *„www.potenz-apotheke-online.org"* versprach Abhilfe bei ganz bestimmten Problemen, über die wir hier nicht näher sprechen müssen. Aber warum uns?

Meine Freundin erklärte mir einmal, seit sie für ihre Schwägerin einmal Klamotten in Übergröße im Internet bestellt habe, werde sie ständig mit entsprechender Werbung bombardiert. Aber wir haben nichts bestellt – zumindest soweit ich weiß - und ich weiß auch nicht so wirklich, ob ich im Falle eines Falles dem *„www.potenzmittel-versand24.org"* mein Vertrauen schenken würde, der mit so wunderschönen Sätzen wie *„Doch, Problem ist, das Sie seit einigen Jahren keine richtige Erektion mehr bekommen können?!"* wirbt. Dann schon eher *„P.otenzkraft fehlerfrei on:line in Auftrag geben"* bei *„www.potenzmittel-klick-kaufen.in."* Überhaupt scheinen mir die indischen Online-Apotheken da viel aufgeschlossener und kundenorientierter. Auf den angebotenen *„24/7 Live Kunden Chat für technische und* *medizinische Fragen"* bei *„www.swiss-apo-rx.in"* wäre ich wirklich mal gespannt. Aber, ehrlich gesagt, traue ich mich gar nicht auf diese Webseiten, weil ich denke, ich bzw. mein Laptop könnten sich dort was holen. Einen Virus oder vielleicht Schlimmeres. Also beschränkten sich meine Recherchen auf das Sammeln der Spam-Mails, die auf diese Weise zumindest einmal in ihrem Leben nützlich waren. Aber woher kommen sie? Wer hat einen Nutzen davon? Gibt es wirklich irgendwen, der bei *„www.testsieger-apotheke.in"* aus Indien *„Super Kamagra (die echte Viagra Alternative")* bestellt, auch wenn diese *„voll diskrretion"* anbietet? Oder bei *„www.schlank-plus-lida.in"* das einzigartige *„Abnehm Produkt"* aus Asien mit dem es *„Abnehmer schafften über 50 Kilo in wenigen Monaten zu verlieren und endlich wieder ein glückliches Leben führen konnten"*?

Okay, ich bestelle manchmal Klamotten im Internet in Größe 42, aber, ehrlich, muss ich deshalb gleich 50 Kilo abnehmen und wäre ich glücklicher, wenn ich in Size Zero aus dem Handschuhfach unseres Autos hüpfen könnte? Dieses Produkt konkurriert übrigens mit dem *„www.fett-killer-aus-asien.in"*, die *„ultimative Waffe gegen überschüssiges Fett"*. Daneben verblassen natürlich so popelige Angebote wie *„www.gesichert-8kg-abnehmen.org.in"* oder *„www.sofort-10kg-abnehmen.org.in"*. Anfangs, als ich mich fragte, wer von den Spams überhaupt etwas hat, stellte ich mir vor, wie junge Asiaten oder Osteuropäer in einem callcenterähnlichen Büro dasitzen und denken, ach, heute schicken wir der Traudi wieder mal ein Viagra-Angebot.

Leider kam ich im Lauf der Jahre zu der Erkenntnis, dass vermutlich zu Beginn des E-Mail-Zeitalters irgendein Automatismus angestoßen wurde und seitdem die Spams in Endlosschleife durch den Äther sausen und sich immer wieder gerne bei mir niederlassen. Also, nicht nur unverschämt, sondern auch unpersönlich, und, wie gesagt, ziemlich lästig. Ich bin nur froh, dass ich sie jetzt, nachdem ich sie literarisch verarbeitet habe, endlich wieder alle löschen kann. Und sollten Sie doch die eine oder andere Anregung bekommen haben, die Webadressen sind alle echt!

Bunte

Wenn mir nichts einfällt, kaufe ich eine Bunte. Oder zwei. Mit denen verziehe ich mich dann an ein stilles Örtchen, gerne auch in die Badewanne. So wird es mir quasi zweifach warm ums Herz, denn die Promigeschichten in der Bunte sind wirklich, wirklich richtig schön! So widmete sich jüngst eine ganze Seite der eigenen Geschichte einer blonden Bunte-Journalistin, die ihren Geburtstag just genau an dem Tag feierte, als sie mit dem Papst auf der Rückreise von dessen Mexico-Trip war. (Ja, liebe OZ-Redaktion, die bei der Bunte kriegen was geboten!) Und, nein, was war sie gerührt, als der Heilige Vater sie im päpstlichen Flugzeug nach vorne zu sich rufen ließ und ihr seine Segenswünsche zum Geburtstag zukommen ließ. So gewappnet kann einem ja nichts mehr passieren, sollte man denken, aber, was soll ich sagen, Segenswünsche vom Pontifex sind heute auch nicht mehr das, was sie mal waren. Genau eine Woche später nämlich musste die Dame Christian Lindner von der FDP interviewen. So kann's gehen.

Offensichtlich jedoch war sie noch von einer sehr heiligen Aura umgeben, denn sie fragte den designierten NRW-FDP-Retter, ob nicht die Last, die seine Partei ihm aufgebürdet habe, zu viel für seine schmalen Schultern sei. Mir kamen die Tränen! Gut, dass ich gerade in der Wanne saß. Aber Ihnen kann ich es ja sagen: Ich mache mir auch immer große Sorgen, wenn ich Herrn Lindner im Fernsehen sehe. Oder Herrn Rösler oder Herrn Bahr. (Und wo wir schon dabei sind: ganz besonders große Sorgen mache ich mir derzeit um unsere goldige Strahle-Barbie von Familienministerin. Ich habe zwar aktuell nichts über sie in der Bunte gelesen, aber ich denke, es ist ein offenes Geheimnis, dass sie das Frauen-ministerium mangels Problembewusstsein und Visionen demnächst ganz abschaffen wird oder es – um ihren Arbeitsplatz zu erhalten – als Frauenfragenverniedlichungsministerium weiterführen wird.)

Ganz hingerissen jedoch war meine Bunte-Kollegin von den strahlendblauen Augen von Patrick, äh, Christian Lindner, den sie – vermutlich päpstlich inspiriert - fragte, ob er als FDP-Messias denn schon übers Wasser gehen könne! Und was glauben Sie? Er kann es nicht! Wie das dann noch etwas werden soll in NRW, weiß ich auch nicht. Jedenfalls konnte die blonde Journalistin nicht umhin, ein Bild von sich und Herrn Lindner zu veröffentlichen, und wenn nicht ihre Fingernägel blau lackiert gewesen wären, hätte es fast so ausgesehen, als ob sie darauf mit ihm Händchen gehalten hätte.

Bevor die Wanne aber tränengeschwängert überlief (vor Rührung, versteht sich), blätterte ich um und ergötze mich zunächst an den modischen Verirrungen der „Yorkies". Wer das ist? Die Töchter von Fergie und Prinz Andrew. Ja, die, von denen die eine bei der königlichen Hochzeit im vergangenen Jahr ein Hirschgeweih trug! Und wen interessiert das? Eigentlich niemanden, außer mir, in der Badewanne und kurz vor Abgabetermin zumindest. Außerdem ist es ja auch mal schön, ein wenig in der Welt der Reichen und Gutaussehendgewordenen zu stöbern, bei denen ja weiß Gott auch nicht alles Gold ist, was glänzt. Hier zum Beispiel, die strahlende Familie von Boris Becker. Während er mit seiner Familie (der wievielten eigentlich? Vielleicht sollte man für solch unübersichtliche Fälle mal ein Glossar einführen) das „leichte Leben in Florida genießt, retteten ihn in Deutschland Freunde vor der Zwangsvollstreckung." Da kann man mal sehen.

„Man schöpft den tiefsten Brunnen leer!", lautet ein ins Hochdeutsche übersetztes Sprichwort der Oma meines Mannes. Kann man alles in der Bunte lesen. Lebensnah bis man es nicht mehr aushält. Oder könnten Sie beim Anblick von Paris Hiltons „braun gebranntem Allerwertesten samt Bikinistreifen" noch ruhig in der Wanne sitzen? Also, ich nicht! Ich steige jetzt wieder um auf anspruchsvolle Literatur. Her mit der Brigitte!

Seelenruhe

Vor wenigen Tagen fuhr ich wieder mal mit dem Zug. Nach Frankfurt in nur zwei Stunden! Ich fahre gerne Zug. Außerdem hat unser Auto keine grüne Umweltplakette, was für die Innenstadt der Mainmetropole ein kleines Hindernis ist. Mal abgesehen von der Parkplatzsuche. So ein Zug findet ja immer noch ein kleines Plätzchen im Bahnhof. Wie immer, wenn ich Zug fahre, war ich gut präpariert: Reiseproviant, eine Zeitung, ein Buch, ein Block, ein Stift, mein Handy, mein Laptop. Schließlich warteten noch mehrere Beiträge, darunter diese Glosse, darauf fertig zu werden.

Bereits der Fahrkartenkauf an dem einzigen Fahrkartenautomat Alsfelds war ein kleines Abenteuer. Eine ganze Menge Schülerinnen und Schüler waren unterwegs, die – wie ich vermutete – im Rahmen ihrer Themenwoche die umliegenden Universitätsstädte aufsuchen wollten. Eine lange Schlange vor dem Automat, keine versierten Fahrkartenkäufer unter ihnen. Die Ratlosigkeit angesichts der Auswahl zwischen Einzelkarten, Gruppenkarten, Zusatzkarten und anderen Möglichkeiten wuchs. Der Gesprächsbedarf auch. Und wer mit einem jungen Menschen, sagen wir mal unter 18, zusammenwohnt, der weiß: Diese Menschen haben Zeit. Viel Zeit. Und Gelassenheit. Viel Gelassenheit. Eine kleine Gruppe Jungs, die zunächst völlig unbeteiligt abseits der Schlange stand, realisierte fünf Minuten vor der Abfahrt des Zuges zumindest, dass es jetzt doch etwas eng werden könnte. Aber der nächste Zug wurde ja schon in weniger als einer Stunde erwartet. Kein Problem also! Ich staunte. Was man von den jungen Leuten heutzutage doch alles lernen kann! Gelassenheit! War aber an diesem Tag grade ganz schlecht.

Irgendwie schaffte ich es dann doch noch pünktlich in den Zug, doch als ich so im Regionalexpress – oder wie die Bimmelbahn nach Gießen und Frankfurt gerade heißt – saß, überkam mich ein plötzliches Gefühl: die Sehnsucht nach nichts. Nach gar nichts. Kein Input, kein Output. Keine Mails, keine Zeitung, kein Buch, kein Laptop. Einfach nichts. Ein ganzes Stück saß ich mit diesem Gefühl auf meinem Platz, so untätig wie selten. Ich schaute aus dem Fenster in den noch dunklen Morgen, war überrascht, dass auch die vielen Jugendlichen anscheinend noch zu müde für Lärm waren, nur manchmal hörte ich sie lachen. Meine Gedanken gingen hierhin und dorthin, doch keine Versuchung war groß genug, nicht mal die Aussicht, meine Kalender zu synchronisieren und eine To-Do-Liste bis Sonntag zu machen, dass sie mich aus meiner Ruhe hätte reißen können. „Ein Augenblick der Seelenruhe ist mehr als alles, was du je erstreben magst" – eine Karte mit diesem Spruch habe ich mal bekommen. War das so ein Augenblick oder ist Seelenruhe noch größer und ruhiger und gelassener als das? Morgenphilosophie.

In Göbelnrod fiel die Heizung aus. Es wurde ungemütlich. Der Körper verlangte nach etwas zu tun und nach Input in Form eines Frühstücksbrotes. Die Ruhe war dahin. Ich checkte Mails und stieg um. Auf der Weiterfahrt nach Frankfurt schrieb ich diesen Text. Handschriftlich, denn ich war immer noch zu entspannt, um den Laptop auszupacken. In Bad Nauheim war ich fertig. Die Ruhe kehrte zurück, auch wenn der Zug sich mehr und mehr füllte. Ich lauschte drei jungen Frauen, die sich über ihr Alter unterhielten. Sie waren alle noch unter 20. Ich beschloss, dass das ein anderes Thema ist und sah noch ein wenig aus dem Fenster, bevor ich im Trubel des Frankfurter Hauptbahnhofs den letzten Rest Seelenruhe hinter mir ließ. War schön mit ihr.

Alltagsrätsel

Vor wenigen Tagen fuhr ich an einer Tankstelle vorbei. Der Diesel kostete 1,33. Unglaublich billig in diesen Zeiten! Der Tank meines Autos war voll. Leider. Das ist immer so. Tagelang fahre ich an Tankstellen vorbei mit Dieselpreisen unter 1,40. Aber wehe, die Tankanzeige nähert sich der roten Linie! Dann steigen die Preise, und egal, wie lange ich es noch hinauszögere – was nicht immer klug ist -, sie fallen unter Garantie erst wieder, wenn ich getankt habe. Warum ist das nur so?

Der Alltag bietet, finde ich, jede Menge Anlass, über solch merkwürdige Gesetzmäßigkeiten und schwierige Fragen nachzudenken. Neulich, zum Beispiel, hatte ich am Wochenende einen Einkaufszettel, auf dem nur etwa zehn Artikel standen. Trotzdem gelang es mir auch da wieder, mein wöchentliches Budget zu erfüllen. Die Summe, die ich jede Woche in den Supermärkten lasse, ist fast immer dieselbe. Egal, wie lang meine Liste ist, und ob ich mal mehr Getränke kaufe, mal mehr Fleisch, mal mehr Mundwasser oder intuitiv eine DVD mitnehme. Wie kommt das? Keine Ahnung. Genauso mysteriös ist es, dass ich immer, IMMER an der Kasse anstehe, an der es am längsten dauert. Geht Ihnen das auch so? Da checkt man genau die Lage, weiß, welche Kassiererin in der Regel die flotteste ist, schaut sich das Publikum und dessen Einkäufe (ja, ja, es gibt da einige aufschlussreiche Kriterien für die durchschnittliche Anstehdauer) so an und entscheidet sich nach reiflicher Überlegung zum Beispiel für Kasse 2. Doch da tut sich nichts. Gerne sind an den Kassen meiner Wahl die Papierrollen oder das Kleingeld alle, manchmal werden auch größere Geschosse aufgefahren. Dann stürzt gleich die ganze Elektronik ab.

Manchmal, wenn ich meine Einkäufe noch nicht auf dem Band habe, ziehe ich um. Aktionen, die sich in der Vergangenheit zu hundert Prozent als sinnlos erwiesen haben, aber ich kann's nicht lassen. Dann wird eben die nächste Kasse meiner Wahl zum Engpass. Gründe dafür gibt es genug. Manchmal rechnet eine eifrige Kundin mit der Verkäuferin den ganzen Zettel nach, weil der Rabatt für ein Päckchen Maggi Fix fehlt (völlig legitim!), oder der Kassenautomat verweigert die Aufnahme des letzten, alles entscheidenden 10-Cent-Stücks. Ich kann Ihnen nur raten, sich niemals hinter mir anzustellen! Wo ich bin, ist die Schlange des Grauens. Darauf können Sie sich auch verlassen, wenn ich alleine an der Kasse stehe: Ich zahle gerne in Etappen, lasse mir von einem weit entfernen Regal Zigaretten holen, und manchmal bestehen auch noch die Zwillis darauf, ihre Kaugummis und Tic Tac's separat zu zahlen. Mit Kleingeld.

Eine sehr weit verbreitete Alltagsfrage ist auch die nach den schwarzen Löchern, in denen alles Mögliche einfach so von einem Moment zum anderen verschwindet. Sie wurde schon in vielen Publikationen gestellt, aber noch nicht beantwortet. Irgendwo in diesem Universum muss es ein riesiges Depot geben, in dem sich alles vereint: die vielen einzelnen Hausschuhe meiner Kinder, Schulbücher, Kugelschreiber ohne Ende, Feuerzeuge, Handys. Alles, was einfach so, ohne letzten Gruß, aus unserem Leben verschwindet, muss doch irgendwo sein!? Nur wo?

Die Kolumnistin der Frauenzeitschrift Brigitte stellte vor einiger Zeit einmal die Frage nach den kleinen Löchern. Sie wissen schon, die Winzlinge, die immer in den T-Shirts sind, und zwar gut sichtbar vorne auf dem Bauch und vorzugsweise in nagelneuen Teilen. Spekulationen darüber gab es viele, Vermeidungsstrategien keine.

Ich glaube, es ist Zeit, eine kleine Sammlung von „Alltagsfragen" anzulegen und Sie immer wieder mal darüber auf dem Laufenden zu halten. Mysterien wie der geheime Sinn hinter der Alsfelder Ampelschaltung harren noch ihrer Entdeckung oder aber auch ganz simple Fragen, z.B., warum alle Haushaltsgeräte immer auf einmal kaputtgehen, und wieso nie das angeschlagene Geschirr, sondern immer nur das makellose zu Bruch geht, oder auch, warum in einer bestimmten Familie immer alle Menschen gleichzeitig vor der Tür eines bestimmten Örtchens stehen, das der Erste ganz schnell hinter sich abgeschlossen hat.

Ich bin sicher, auch Sie finden das eine oder andere unglaublich Unwichtige zum Grübeln – nur für den Fall, dass das Wochenende unspannend wird!

Sammelpunkte

Auf meinem Schreibtisch kleben Sammelpunkte. Zehn runde Aufkleber à fünf Punkte. Darauf ist ein Code, den ich freirubbeln muss. Diesen muss ich dann auf der Webseite des Herstellers der Eckspannermappen eingeben, von denen ich die Punkte abgezogen habe. Oh, prima, dachte ich, denn der menschliche Sammel- und Beutetrieb schlug wieder einmal voll durch: Ich wollte etwas geschenkt! Hoffnungsvoll ging ich auf die Webseite des namhaften Ordnerherstellers. Neben seinen eigenen Produkten gab es Uhren und Schmuck zu errubbeln, wohl in der Annahme, dass die meisten Büroangestellten weiblich sind und auf glitzerndes Silber stehen. Oder dass Männer keine Sammelpunkte auf ihren Schreibtisch kleben.

Ich hatte ja nun schon fünfzig Punkte vor mir kleben, weitere fünfzig harrten noch auf meinen unbenutzten Eckspannermappen. Für hundert Punkte, fand ich, muss schon mal etwas silbern Blinkendes drin sein. Das fand der Hersteller nicht. Für das, was ich letztlich von meinem Schreibtisch kratzen würde, konnte ich mir sage und schreibe eine neue Eckspannermappe aussuchen. Wahlweise in Pink oder Grau. Dazu muss man sich natürlich nur registrieren, alle Codes (20 Stück) freirubbeln und sie einzeln eingeben. Dann bekommt man eine Mappe mit einem Wert von 2 Euro geschickt. Ist das nicht toll? Im letzten Moment übermannte (warum eigentlich „mannte"?) mich die Vernunft. Ich brauche keinen kostenlosen Eckspanner. Ich habe noch zehn unbenutzte in der Kiste. Für eine Kette bräuchte ich 1500, für eine Uhr 3000 Punkte. 600 Mal rubbeln und eintippen! Spinnen die? Wer macht denn so was? Wer hat so viele Rubbelpunkte? WER??? Gibt es heutzutage in den Büros noch solche Menschen? Ich gab meinen Plan auf.

Während ich mich nun so auf meinem Schreibtisch umschaute, fiel mein Blick auf eine Packung Kinderschokolade. Darauf ein Sammelpunkt, der „Fun for you" verspricht. Darin habe ich 23 weitere Sammelpunkte von Duplo, Pingui, Hanuta und anderen Dickmachern eines bekannten Schokoladenherstellers gesammelt. Nicht für mich! Für meinen Neffen. Für 60 Punkte bekommt das arme Kind einen Ball. Dafür muss man, wenn man sich jetzt mal auf eine Süßigkeit beschränkt, 300 Duplos essen. Ob es das wert ist? Und ob man sich mit dem so erfressenen Ball diese Duplos wieder abtrainieren kann? Mein Neffe war, obwohl erst acht Jahre alt, so vernünftig, uns um Hilfe zu bitten. Das tun wir natürlich gerne. Und wir sind ja auch viele. Wir haben uns auf diese Weise auch schon mal ein Carcasonne-Spiel erfressen, das wir uns sonst wahrscheinlich gar nicht hätten leisten können. Dazu haben wir inzwischen die siebte oder achte Erweiterung gekauft.

Angesichts solcher Aktionen und der überall auf uns lauernden Frage „Sammeln Sie Treuepunkte?" fragt man sich, was aus uns aufgeklärten Menschen, die zudem meist in der Lage wären, ihrem Kind einen Ball oder ein Spiel zu kaufen, willfährige Sammler macht – noch dazu von Dingen, die wir gar nicht dringend brauchen. Ich kenne eine Dame, die stets in einer einzigen Apotheke einkauft, weil es dort immer etwas dazu gibt. Für kleine Cremes, Schaumbäder, Kosmetikspiegel, Papiertaschentücher, Rezeptkarten, Gewürztüten und vieles andere mehr kauft sie nicht vor der Haustür, sondern nimmt einen weiteren Weg auf sich. Sie kann das alles gar nicht brauchen und daher verschenkt sie die netten Kleinigkeiten dann – an mich zum Beispiel, und wer weiß, vielleicht kann ich gerade diese fünfte Nagelfeile to go mal dringend brauchen! Also, her damit! Warum sieht man auf Messen ganz normale Leute, die sich alles schenken lassen, was sich die Werbegeschenke-Industrie bisher an „Nice-to-have's" hat einfallen lassen? Ist es vielleicht, besonders bei den Sammelpunkten, der archaische, in lang vergessenen Zeiten überlebenswichtige Akt des Sammelns und Aufbewahrens, der von der Magie des Aufklebens, Freirubbelns, Downloadens oder mit der Post Wegschickens abgelöst wurde?

Ich werde jetzt auf jeden Fall mal die Sammelpunkte von meinem Schreibtisch kratzen, die „Fun-for-You"-Punkte meinem Neffen schicken und mich vor dem Spiegel darin üben zu sagen: „Nein, ich möchte keine Treuepunkte!"

Kontrollverlust

„Wer eine Jogginghose trägt, hat die Kontrolle über sein Leben verloren". Das sagte Karl Lagerfeld, und wenn einer weiß, was es heißt, die Kontrolle zu verlieren, dann ja wohl er... Wie dem auch sei: An der Jogginghose – getragen zu allen Anlässen außer zum Joggen – scheiden sich die Geister: Für die einen dramatisches Anzeichen beginnender Degeneration mit der Aussicht bald unter sich zu machen und verlottert und Chips essend im ausgesessenen Fernsehsessel vor Super-RTL sein Ende zu finden, für die anderen das Feierabendsymbol schlechthin: Raus aus dem Job, raus aus den Klamotten und rein in die Wohlfühlwäsche – endlich frei!

Dazwischen gibt es nur noch die blauleuchtende Ballonseide über Bierbäuchen am Büdchen - eine Alliteration übrigens, die jedem Sprachwissenschaftler die Tränen in die Augen treibt und nicht nur ihm. Kein Wunder also, dass der Jogginghose (einschließlich Leggins und neuartiger Home Dresses) seit einigen Jahren ein ganzer Tag gewidmet wird – eingerahmt von so bedeutenden Gedenktagen wie dem „Weltknuddeltag" oder dem „Tag der Honduranischen Frau", fordert er alle heimlichen Jogging-hosenträger auf, ihr Lieblingsstück einen Tag lang in der Öffentlichkeit zu tragen, also auch an der Arbeit oder in der Schule oder beim Einkaufen oder im Restaurant. Ich sage nur: Manche Dinge will man sich nicht vorstellen und schon gar nicht sehen, denn so bequem das einst – wie sein Name andeutet – für den Sport erfundene Stück auch ist, – sexy ist es – von wenigen Ausnahmen wie der eines namenlosen Studenten, von dem mir aus berufenem Mund berichtet wurde, einmal abgesehen – nämlich nicht: an den Knien ausgebeult, insgesamt verwaschen, am Po schlabberig.

Die Jogginghose, die Leggings, die Modesünde schlechthin, hat nicht gerade den besten Ruf, und wer sie trägt, trägt sie meistens heimlich. Eine von mir selbst erfundene Statistik geht davon aus, dass in acht von zehn deutschen Haushalten einem Besucher abends nach 18 Uhr ein Mensch in Jogginghosen oder Leggins die Tür öffnet. Eine repräsentative Statistik des Online-Portals „style fruits" sprach von einer „heimlichen Liebe": Rund drei Stunden täglich trägt der Deutsche im Schnitt eine Jogginghose (die

Deutsche übrigens drei Stunden und zwanzig Minuten, warum auch immer). Nur 20% dieser Menschen würden allerdings in Jogginghosen vor die Tür gehen und nur 18% der Deutschen nutzen die Jogginghosen zum ---- Joggen!

Kaum zwei Jahre nach seinem legendären Ausspruch allerdings wandte auch Karl Lagerfeld sich der Jogginghose zu: Zu lange schon hatten ihm wohl die Designer der Mitbewerber vorgemacht, dass Jogginghosen – nun ganz offiziell mit der internationalen Bezeichnung „Jog Pants" geehrt – sich in Kombination mit stylishen und hochwertigen Accessoires auch in der Riege der Reichen und Schönen sehr gut machen – es kann einem ja auch nicht immer was Neues einfallen! Auf der Fashion Week in Paris zeigte Lagerfeld erstmals Chanel-Models in Jogginghosen. Und nicht nur er: Alle namhaften Designer gewanden in diesen Tagen ihre männlichen und weiblichen Models in das vor kurzem noch zum modischen Selbstmord zählende Bequemoutfit – nicht ohne die Jogginghose mit ein wenig „Glamour upzugraden", wie die Fachpresse schreibt: Leder, Seide und Muster machen das Büdchen-Beinkleid nun zum It-Piece. Und die so verpönten Leggins wurden gleich mitgeadelt: Als Jeggins (also als Jeanshosen getarnte Leggins) sind sie nun die lässigen Trendteile schlechthin. Gesehen wurden die Jogginghosen übrigens schon mit Smokingstreifen, aus Samt oder aus Chiffon, dazu natürlich High Heels oder feinstes italienisches Schuhwerk. Ob das dann – auch preislich gesehen – noch so das Richtige für einen schönen schlunzigen Fernsehabend ist, darf bezweifelt werden.

Und nun wollen Sie bestimmt wissen, ob ich eine Jogginghose habe? Hm. Ja. Eine Sporthose. Tatsächlich für den Sport. Und manchmal, wenn ich von meinem Pilates nachhause komme, lasse ich sie an. Wenn mein Mann nicht da ist. Aber ganz, ganz selten! Ehrlich!

Hier und da ein Kontrollverlust ist ja nicht das Schlechteste!

Der Weg als Ziel, Teil 1

Wenn einer was erleben will, dann soll er eine Reise tun. Ganz besonders gilt dies, wenn man die Reise mit der Deutschen Bahn unternimmt. Jeder, der dies schon mal getan hat, weiß, wovon ich spreche. Denn soeben nutze ich 90 Minuten Verspätung auf dem Weg nach Berlin, um diese Kolumne zu schreiben. Leicht verdientes Geld, könnte man meinen, doch da irren Sie sich gewaltig! Alles begann in Fulda, wo wir mit zehn Minuten Verspätung außerplanmäßig „vom Bahnsteig gegenüber" abfuhren. Warum, wissen wir nicht, auch nicht, warum mehrere Waggons abgehängt waren, ausnahmsweise nicht der, in dem ich reserviert hatte. In dem war nur die Heizung ausgefallen, was bei einer Fahrzeit von gut drei Stunden (die später zu knapp fünf Stunden wurden) nur so mittel ist, aber meinen im Koffer in die Hauptstadt mitgeführten Vogelsberger Wurstwaren sehr zugute kam. „Heute leider kein Klima in Wagen 32" kündigte die Anzeigetafel an, obwohl wir in Wagen 23 saßen und eigentlich schon Klima hatten, wenn auch sehr frisches.

Auf der Fahrt gelang es der Bahn, noch viele weitere Minuten Verspätung einzufahren: Mal mussten wir warten, bis ein IC unseren ICE überholt hatte, mal war die Strecke offensichtlich zur großen Überraschung der Lokführer (vielleicht waren die schon wieder mit der Vorbereitung eines ihrer nächsten Streiks beschäftigt) nur in eine Richtung befahrbar und unser Zug hatte offenbar die Wartekarte des Tages gezogen. Manchmal hielten wir auch völlig ohne Grund in der langsam aufkommenden Dunkelheit auf freier Strecke, und als wir schon eine Stunde Verspätung erwirtschaftet hatten, hielt die Bahn netterweise und außerplanmäßig in Wolfsburg, um ein paar verirrte Fahrgäste rauszulassen, die irgendwo (vielleicht schon in Fulda am Bahnsteig gegenüber?) falsch eingestiegen waren. Während ich so viel Fürsorge sehr tröstlich fand, schließlich könnte so etwas auch mir sehr leicht passieren, war mein Gegenüber etwas ungehalten, was vermutlich daran lag, dass in einem Abteil, in dem kein Klima ist, auch kein Strom ist, und er daher nicht an seinem kleinen Laptop arbeiten konnte - im Gegensatz zu mir, wie man sieht. Gut, dass ich mein Tablet erst aufgeladen hatte!

Nach gut zwei Stunden ging das freundliche Personal durch die Abteile und verteilte aufgrund der herrschenden Kälte Gutscheine für je ein Heißgetränk. Unglücklicherweise waren aber die Kollegen vom Mitropa-Team im Bistro zu beschäftigt, um jetzt auch noch mit ihrem schönen Kaffeewagen vorbeizukommen. Wahrscheinlich war es ihnen auch zu kalt. „Sie müssen den Kaffee auch nicht heute trinken", lautete der Vorschlag der netten Zugbegleiterin. Stimmt, vielleicht wäre es ja auf der Rückfahrt auch wieder kalt. Dennoch bewegte ich mich in Richtung Bistro. Ich kam kurz vor der Schlange der anderen Frierenden dort an, das Personal war tatsächlich sehr gestresst. Einer schimpfte über die blöde Idee mit den Gutscheinen, während seine Kollegin nach einer geeigneten Ablage dafür suchte. Die Schlange wurde währenddessen immer länger. Um den Kaffeebecher herum war eine Banderole, auf der stand „Wussten Sie schon, dass Kaffee gute Laune macht?" Ich weiß das natürlich, aber ich fragte mich, warum die Mitropa-Mitarbeiter das nicht mal ausprobierten...

Auf dem Rückweg ins kalte Abteil sah ich die Zugbegleiterinnen sich die Nase pudern, bevor sie sich aufmachten, uns die „Fahrgastrechte für Verspätungen ab 60 Minuten" auszuteilen. Optimistisch war der Stempel in die Spalte 60 Minuten gesetzt, während die Bahn daran arbeitete, die 120-Minuten-Spalte zu knacken. In den Durchsagen waren nun aus den „voraussichtlichen Ankunftszeiten" „Ankunftsprognosen" geworden, die ständig nach hinten korrigiert wurden. Spät am Abend kamen wir an. Wegen der großen Verspätung fuhr der Zug nur bis zum Hauptbahnhof - das Personal muss ja auch mal Feierabend haben, besonders das Mitropa-Team. Wer zum Südkreuz gewollt hatte, musste sehen, wo er blieb. Wer abgeholt werden wollte, war auf die Geduld der Abholer angewiesen. Die Frau neben mir hat auf dieser Fahrt mehr als 200 Seiten gelesen, und ich, na, das sehen Sie ja!

Fortsetzung folgt, derzeitige Ankunftsprognose: zwei Wochen!

Der Weg als Ziel, Teil 2

Wenn man mit der Bahn fährt, dann darf man es einfach nicht eilig haben, sagt mein Mann, und einen festen Termin haben schon mal gar nicht. Manchmal neigt er zur Übertreibung, aber in diesem Fall hat er ja recht. Mir entging, während ich auf meiner letzten Bahnfahrt in die Hauptstadt saß, der erste Teil eines schönen Abends, genaugenommen ein kleiner Aperitif in einer kleinen Schmuckwerkstatt im Bezirk Prenzlauer Berg, was allerdings meinen Mann wiederum gefreut haben dürfte – in rein finanzieller Hinsicht.

Kaum hatte unser Zug eine Stunde Verspätung, ging auf meinem Handy der Verspätungsalarm der Bahn ein: Die „Ermittelte Abweichung" lautete „Verspätung". Danke für die Info, liebe Bahn, hätte ich sonst gar nicht gemerkt! Ich ließ meine Gedanken schweifen und dachte daran, wie auf der letzten Fahrt, als meine Sitzplatzreservierung zweimal vergeben war, freundliche Damen eines Meinungsforschungsinstituts im Auftrag der Bahn in den Zügen unterwegs waren, um die Fahrgastzufriedenheit zu ermitteln. Ob sie in diese Richtung fündig wurden, weiß ich nicht; um mich und meinen unreservierten Platz machten sie nämlich einen großen Bogen, obwohl ich angesichts der Situation eher belustigt als frustriert war. Es hilft ja oft, wenn man unangenehme Situationen eher vom Unterhaltungswert her betrachtet als vom tatsächlichen Ernst der Lage. Etwas schwierig war das allerdings, als meine Kinder und ich eines Morgens im Januar nach Frankfurt aufbrachen.

Die Jungs wollten unbedingt mal Zug fahren, aber die Bahn hatte sich im dritten Wintermonat noch nicht richtig auf die Witterung einstellen können. Das braucht ja auch seine Zeit. Der Zug war kalt - woran erinnert mich das nur? -, und bald waren auch die Toiletten eingefroren, was auf der halbtägigen Fahrt nach Gießen, auf der meine Kinder schon den ganzen Proviant verfressen und vertrunken hatten, eher ungünstig war. Am frühen Nachmittag erreichten wir, völlig durchgefroren, unseren Umsteigebahnhof und ich beschloss angesichts des Chaos die Weiterfahrt nach Frankfurt zu streichen. Stattdessen hielten wir Ausschau nach einem Zug zurück. Einer nach dem anderen wurde gestrichen, nicht von mir, von der Bahn. Als wir unser komplettes Budget beim bahnhofseigenen Mackes gelassen hatten, begann eines meiner kleineren Kinder zu schluchzen: „Der Papa soll uns holen!", wohlwissend, dass dessen Fahrzeuge auch im Winter einsatzbereit sind. Am frühen Abend kamen wir zurück, gerade noch rechtzeitig, um bei den Damen in dem kleinen Bahnhofsbüro Beschwerde einzulegen. Leider vergebens. Nach längeren Recherchen gelang es mir, die Reklamationsabteilung der Bahn zu erreichen, der „Servicecenter Fahrgastrechte" war damals noch nicht erfunden. Aus „reiner Kulanz" erstattete die Bahn mir die Fahrtkosten - aber nur die von Gießen nach Frankfurt, denn nach Gießen seien wir ja immerhin in den Genuss der Zugfahrt gekommen, hieß es. Stimmt, fiel mir ein, wir hatten dort am Bahnhof einen vergnüglichen Tag verlebt, der uns als Familie eng zusammengeschweißt hatte.

Da fällt mir doch gleich diese Gruppe wieder ein, die seinerzeit mit den Rädern nach Fulda fahren wollte, um von dort eine Fahrradtour zu starten. Vorschriftsmäßig hatten sie vor Antritt der Fahrt ein Gruppenticket gelöst und sie hätten auch alle mitgekonnt, allerdings ohne ihre Räder, denn für die war kein Platz mehr. Was allerdings wenig Sinn macht, wenn man sich in Fulda mit einer anderen Gruppe treffen will, um Fahrrad zu fahren, was sich wiederum der Bahn nur bedingt erschloss. „Fahrräder gehen nur im Rahmen der Verfügbarkeit mit", erfuhren die erstaunten Fahrgäste, und nein, Fahrräder im Vorfeld anmelden, geht natürlich auch nicht. Für Beschwerden oder gar eine Rückerstattung waren weder das Zugpersonal, noch der RMV zuständig, sondern die neu geschaffene Stelle „Fahrgastrechte", zu der man in dem Riesenunternehmen allerdings kaum durchdringt. Die Bahn hat's halt nicht so mit Logistik... Geld gab's am Ende keins zurück – die Fahrradgruppe hatte ja freiwillig auf die bereits bezahlte Fahrt verzichtet.

Ich ringe im Augenblick noch mit mir, ob ich wegen der von mir errechneten 7 Euro Rückerstattung wegen Verspätung die Damen von den Fahrgastrechten bemühen werde – wahrscheinlich schon, aus Prinzip.

Und genau aus Prinzip fahre ich auch nächstes Mal wieder Bahn – vielleicht treffen wir uns ja mal!

Das Phantom von Alsfeld

Vorsicht! Ein Phantom geht um in Alsfeld! Es ist auf der Jagd nach kreativen Parkideen und ahndet sie mit kleinen blauen Zetteln, auf denen unerfreuliche Zahlen stehen. Und nicht nur das: Meistens versucht es noch in einem von großer Einseitigkeit geprägten Diskurs, den Sinn dieser kreativen Parkaktionen in Frage zu stellen. Dabei weiß doch jedes Kind, dass Kreativität das A und O ist. Und wenn ich etwas bin, dann kreativ. Zumindest beim Parken. Und wie. Allerdings sind Kreativität und ein etwas anderer Umgang mit Problemlagen im Alltag nicht gerne gesehen, schon gar nicht vom Phantom von Alsfeld. Und das, obwohl auch Studien ganz klar belegen, dass es für die geistige Fitness wichtig ist, gewohnte Dinge einmal auf ganz andere Art und Weise zu tun. Mal mit der linken statt mit der rechten Hand zu essen, zum Beispiel, oder einen anderen Weg zur Arbeit zu gehen. So bilden sich neue Synapsen und das Gehirn wird ständig gefordert. Ich weiß das!

Ich selbst werde unter Stress besonders kreativ, beispielsweise, wenn ich um fünf vor sechs noch dringend zur Bank muss. Dann bietet es sich an, auch mal unkonventionell zu parken, also gegen die Fahrtrichtung in die erste freie Lücke zu stoßen, schnell auszusteigen, um auf diese Art und Weise blitzschnell den Schalterraum zu entern. Das mit dem unkonventionellen Parken klappt meistens noch einwandfrei, doch dann erscheint wie aus dem Nichts das Phantom, das mit einem untrüglichen Sensor für kreatives Parken ausgestattet ist und nicht gewillt ist, diese Art von Selbstverwirklichung auch nur ansatzweise zu tolerieren. Und so beginnt es um drei vor sechs eine unsinnige Diskussion mit mir, die am Ende zu nichts führen wird, ein typisches Gespräch zwischen Mann und Frau, an dessen Ende beide behaupten werden „Er / Sie / Es versteht mich nicht", wobei natürlich schon von vorneherein klar ist, dass dem Phantom an Verständnis auch nicht wirklich gelegen ist. Es hat ja sein kleines Strafzettelpäckchen in der Amtsjacke, das zückt es dann, und ruckzuck kostet einmal kreatives Parken mal eben 15 Euro. Danke fürs Gespräch.

Oder neulich, als ich kurz nach Unterrichtsbeginn noch ganz schnell eines meiner Kinder in die Schule bringen wollte. Klar hatte ich bei der Gelegenheit noch was mit der Lehrerin zu besprechen -

nur kurz, ehrlich- und kaum trat ich wieder vor die Schule – es war früh am Morgen und wirklich nicht direkt in der Innenstadt – stand wie vom Himmel gefallen das Phantom vor meinem klitzekleinen, unauffälligen Auto, das niemandem auch nur den geringsten Platz versperrte, und ich schickte mich an, ihm zu erklären, warum ich direkt vor der Schule auf dem vermeintlichen Gehweg halten muss und nicht auf dem nahegelegenen Parkplatz parken kann. „Das ist schwierig", sagte ich ihm und blickte es mit unschuldigen Augen an. „Kann Ihr Kind nicht laufen?", fragte das Phantom und warf einen Blick auf meinen Mini, der für komplizierte Beifahrer und sperrige Gehhilfen nicht direkt ausgelegt ist. Ich sah ein, dass jegliche Erklärung hier auf unfruchtbaren Boden fallen würde – dennoch, dieses Mal ließ es mich gehen. Und nun kann ich es Ihnen ja sagen:

Ich beneide das Phantom von Alsfeld, denn es hat mir, so schwer es mir fällt, das zuzugeben, zwei entscheidende Dinge voraus. Erstens bekommt es in den Gesprächen mit Parkkreativen aller Art Tag für Tag die tollsten Storys aufgetischt – und das ohne sich groß anzustrengen. Ein unerschöpfliches Input-Paradies ist das, und es kann nur so sein, dass es heimlich an seinem ersten Buch arbeitet oder zumindest an einem Ranking mit den besten Alsfelder Parkideen. Zweitens kann das Phantom als einziges mir bekanntes Wesen an zwei und mehr Stellen gleichzeitig sein, denn, wie mir aus sicherer Quelle versichert wurde, ist es nicht nur da, wo ich neue Parkmöglichkeiten entdecke, sondern auch Sie und Sie und Sie! Stimmt's?

Und genau das möchte ich auch können. Doch so sehr ich es auch versuche - es gelingt mir nicht. Meine Fähigkeiten erschöpfen sich beim kreativen Parken. Und das, liebes Phantom von Alsfeld, lasse ich mir nicht vermiesen!

ZEITGESCHICHTE(N)

North Cothelstone Hall

Neulich abends war uns wieder mal nach etwas Schmalzigem auf der Mattscheibe zumute. Und, oh Wunder, wir wurden fündig: „Vorzimmer zur Hölle – streng geheim" hieß das Filmchen um Herz, Schmerz, Liebe, Missverständnisse und natürlich mit Happy End. Doch genau in dem Moment, in dem der Vorstandsvorsitzende und seine Sekretärin, die für ihn natürlich die glühenden Kohlen aus dem Feuer geholt hatte, unter dem Beifall der ganzen Belegschaft auf die Empfangstheke hüpften, um sich zu küssen, da prangte es auf einem eingespielten Trailer „Jetzt im Anschluss: Psycho III". Und da wurde mir schlagartig bewusst, was ich seit langer, seit sehr langer Zeit im Fernsehen vermisse: die Fernsehansagerin.

Wissen Sie noch, wie adrett und tadellos die immer in die Kamera schauten und das Programm ankündigten? Bei Mehrteilern gaben sie einen kleinen Rückblick – ähnlich wie Evelyn Hamann in ihrem Solo-Sketch „North Cothelstone Hall" es zeigte – und manchmal verließen sie ihr Pult und saßen auf großen bunten Würfeln oder spielten mit Kätzchen. Karin Tietze-Ludwig, Petra Schürmann, Hanni Vanhaiden, Elfie von Kalckreuth, um nur einige zu nennen, präsentierten sachlich und emotionslos, was da so auf einen zukam, egal ob es das damals noch Schaurigste war, was das Fernsehen zu bieten hatte, nämlich „Aktenzeichen XY", oder das beliebte Quiz „Was bin ich?". Wegen der schönen Ute Verhoolen wollte ich – zumindest bis mein erwachender Realitätssinn einsetzte – Fernsehansagerin werden. Schien ja auch krisensicher, der coole Job. Ein Trugschluss, wie man heute weiß.

Nun sind es wilde Trailer, die uns bereits Tage vorher auf das Programm einschießen, Schlüsselszenen werden einem um die Ohren geknallt und bei vielen der angekündigten Sendungen sind diese Zusammenschnitte auch schon völlig ausreichend. So könnte man nicht nur die Fernsehansagerin, sondern gleich die ganze Ausstrahlung einsparen. Wenn dann, wie oben beschrieben, mitten in der romantischen Liebesszene irgend so eine brutale Ankündigung kommt und einen in der Couchecke aus den schönsten Träumen reißt, ist das ja an sich schon schlimm genug. Übertroffen wird das Ganze aber noch durch die Werbung nach den Sendungen: Nach Rosamunde-Pilcher-Filmen (die ich natürlich NUR und AUSSCHLIESSLICH zu Studienzwecken anschaue) streiten sich – warum auch immer – Rainer Calmund und Brigitte Schrowange um die Fernbedienung – man wünscht sich, sie hätten es vorher getan! Nach einem blutrünstigen Schweden-Krimi mit gefühlten zwanzig Leichen, zehn Explosionen, einem alkoholabhängigen Kommissar und vier alleinerziehenden Polizeipsychologinnen küssen sich zwei Odol-Flaschen auf einer roten Couch. Was soll das? Könnte man nicht wenigstens einen Bezug zur Sendung herstellen: Explodierende Odol-Flaschen vielleicht? (Was mir in diesem Zusammenhang zu Rainer Calmund und Brigitte Schrowange einfällt, verschweige ich lieber.)

Und was, um Himmels Willen, ist aus den Fernsehansagerinnen geworden? Anneliese Fleyenschmidt und Annette von Aretin, Fernsehansagerinnen der ersten Stunde, durften später ja noch bei Robert Lemkes „heiterem Beruferaten" mitmachen, wie ich mich schwach erinnere. Die anderen sind weitgehend von der Bildfläche verschwunden. Eine wahre Schwemme von adretten Damen in schönen Kostümen muss in der Zeit des Umbruchs die Gänge der Arbeitsämter gesäumt haben. Und, um es mal realistisch zu betrachten: Die Heldinnen meiner Kindheit wären heute so oder so nicht mehr im Fernsehen zu sehen. Aber ich habe Trost gefunden, das neue Massenmedium, das Internet, macht's möglich! Wenn Sie auch zu den Fernsehansagerinnen-Nostalgikern gehören, dann schauen Sie doch mal nach auf www.fernsehansager.com oder googeln Sie mal Bilder dazu. Sie werden begeistert sein, wen Sie da alles wiedersehen. Und mit welchen Frisuren und Klamotten – schließlich begeben wir uns ja mindestens zurück in die 90er oder, schlimmer noch, in die modisch völlig geschmacksverirrten 80er. Eigentlich wollte ich aus dem Anfang dieser Glosse einen Text über ganz viele Dinge machen, die aus unserem Alltag verschwunden sind – nun ist er allein den Fernsehansagerinnen gewidmet. Auch gut – die haben's verdient!

Eisbonbons

Die Sommer meiner Kindheit duften nach vielem – nach frisch gemähtem Heu, nach den frisierten Mofas unserer Dorfjungs, mit denen man sich an langen Ferienabenden (sechs Wochen in Heubach ohne Urlaub, Ferienspiele und sonstwas!) an der Milchbank traf, nach dem Schnaps, mit dem mein Opa immer die Wunde auswusch, wenn ich mir, was häufig vorkam, wieder mal die Knie aufgeschlagen hatte, und nach Eisbonbons!

Eisbonbons hatte meine Mutter immer zusammen mit ihrer großen 70er-Jahre-Sonnenbrille in ihrer weißen Knautschlederhandtasche, wenn wir zu unserem sonntäglichen Ausflug aufbrachen. Bis heute weiß ich nicht, warum sie Eisbonbons heißen, denn Eis an sich schmeckt ja nach nichts und ist auch nicht blau, aber irgendwie waren ihr Geschmack und ihr Duft so verheißungsvoll wie der ganze Sommer! Manchmal, wenn Sie schon eine Weile in der weißen Lederhandtasche vor sich hingeschmolzen waren, klebte das Papier ganz fürchterlich an ihnen fest und selbstverständlich klebten auch wir (und leider auch das Auto) nach dem erfolgreichen Kampf mit der Verpackung, und alles roch ganz wunderbar nach dem blauen Aroma von Minze, Menthol und Birne.

Lange Jahre waren die Eisbonbons aus meinem Gedächtnis verschwunden, und ich weiß nicht, wie es kam, dass meine Kinder sie entdeckt haben. Aber sie sind wieder da! Wie schön! Überhaupt scheint es, dass man mit Kindern Dinge wieder neu entdeckt, die auf dem Weg zum Erwachsenwerden verloren gegangen sind. Ich weiß zum Beispiel noch genau, wie lecker es bei uns roch, wenn es die Apfelpfannkuchen meiner Tante Anna gab! Nun bereite ich sie selbst nach dem alten Rezept zu und sorge für leuchtende Augen bei meinen Jungs. Wie ich damals, kommen sie heute von der Schule nach Hause und rufen „Hmmmmm, es gibt Apfelpfannkuchen!". Dann freue ich mich, dass ich ihnen vielleicht einen tollen Duft mit in ihr Leben gebe, einen der viel mehr bedeutet, als nur sich nach der Schule satt zu essen: Liebe, Geborgenheit, Aufgehobensein, Umsorgtwerden – all diese Gefühle kann der Duft von Apfelpfannkuchen in uns wecken! Oder erinnern Sie sich noch an den Geruch von alten Bananen, vermischt mit Krümeln von Nutellabrot in der Kindergartentasche? An das Parfüm Ihres ersten Freundes oder Ihrer ersten Freundin? Natürlich gibt es auch Düfte, die es einem schwer ums Herz werden lassen. Nie im Leben werde ich vergessen, wie das Desinfektionsmittel roch, das wir benutzen mussten, als wir unsere Zwillis auf der Neugeborenenstation besuchten, und das uns noch so viele Jahre lang immer und immer wieder begegnete. Oder „tabac orginial", das Rasierwasser meines Vaters, das wir ihm jedes Jahr in solchen Mengen zu Weihnachten schenkten, dass es ihm bis zum nächsten Fest hielt...

Und manchmal passiert es, dass ein Geruch einem bekannt vorkommt, Erinnerungen weckt, ohne dass man genau weiß, wie es dazu kommt. Es ist etwas Geheimnisvolles, Zauberhaftes mit den Düften und dem Riechen, wer will da schon wissen, dass der exakte chemische Name für das Gletschereis-Aroma meiner Eisbonbons „Essigsäure-Iso-Amylester" ist, ein Reaktionsprodukt aus Alkohol und Carbonsäure, und dass solche Ester gerne auch bei Sprengstoff, Nagellackentferner und Insektiziden zum Einsatz kommen. Nein, das muss man wirklich nicht wissen!

Schlechte Performance

Neulich auf dem Schulhof: In der Ecke sitzt der kleine Volker, ganz allein, und kann es nicht fassen: „Ich habe einen klaren Führungs- und Gestaltungsauftrag", ruft er trotzig seinen Mitschülern zu. Schließlich hatte er bei einem Gerangel auf dem Pausenhof die meisten bunten Smarties bekommen. Dumm nur, dass keiner mit ihm spielen will. Seine Lieblingskumpels sind so weit abgeschlagen, dass es für den machtbewussten Volker nicht mehr sinnvoll ist, sich mit ihnen abzugeben. Warum das so ist? Der kleine Mario in seinem blau-gelben T-Shirt mit einer verblichenen 18 drauf weiß es auch nicht: „Die Performance war nicht optimal", sagt er entschuldigend – man hat schon bessere Ausreden gehört.

Marios Freund Christian, der auf dem Oberstufen-Pausenhof vor sich hin schmollt, will sich – eigentlich schon ziemlich lange – in Demut üben, aber bei der Absichtserklärung ist es bisher auch geblieben, und deshalb hat er nun auch nicht mehr genug Smarties zusammenbekommen. Auf das Bisschen braucht er sich nun wirklich nichts einzubilden – damit geht ja mal gar nichts! An der Hand hält er seinen bisher eher unscheinbaren Freund Heinz-Peter aus dem Erzgebirge. „Ich will, dass die uns nicht mehr alle so verachten und hassen", flennt der. Hilflos schaut Schulleiter Gauck mit Hausmeister Michel aus seinem Fenster in die Runde. Was soll nur werden?

Neben Volker sitzt Angie aus der Oberstufe. Sie hat sich extra einen neuen Hosenanzug gekauft und eine Kette mit schwarzroten Steinen, aber bis jetzt mag außer ihren langjährigen Verehrern Volker und Horst, mit dem sie eine anstrengende On-Off-Beziehung führt, niemand in ihrer Mannschaft sein. Eigentlich findet sie ja den dicken Sigmar aus der Parallelklasse nicht schlecht, aber sie hatte sich mit ihm und seinem Kumpel Peer mächtig angelegt. Und sie hatte schon mal was mit Sigmars intellektuellem Freund Frank-Walter. Das ging gar nicht gut aus für den! Vor dieser männermordenden Xanthippe muss man sich in Acht nehmen, hat Frank-Walter Sigmar gewarnt! Aber Sigmar weiß, dass er der einzig Wahre ist, der für Angie in Frage kommt. Da will er schon mehr als einmal gefragt werden, so billig kriegt sie ihn nicht, wenn überhaupt! Er könnte ja schließlich auch mit – ja mit wem eigentlich – sprechen?

Jürgen und Claudia wollen keine Anführer der grünen Bande mehr sein, und selbst wenn man die Smarties ihrer und seiner Gang zusammenlegt, wird es nicht reichen. Von allen gemieden, aber strahlend wie die Honigkuchenpferde, sitzen der kleine Gregor, die schöne Sahra und die blutjunge Janine zusammen. „Wir sind bereit!" rufen sie angestrengt. Ihre Köpfe sind schon ganz rot. „Wir sind bereit", wiederholen sie immer wieder, aber das interessiert leider keinen. Von der Sandkiste aus schielt Thorsten rüber zu Volker. Eigentlich wäre Thorsten gerne an Volkers Stelle, aber dazu hätte er dem viel, viel mehr Smarties abnehmen müssen, als es Zeit war. Und Thorstens Freunde von der grünen Bande hätten sich auch mehr ins Zeug legen müssen. Jetzt ist irgendwie alles blöd. Volker freut sich, dass er die meisten Smarties hat, aber es nützt ihm nix, Thorsten freut sich, dass es Volker nichts nützt, aber ihm nützt es auch nix. Tarek fragt sich, wo all seine Smarties aus dem gut gefüllten Vorrat hingekommen sind, und nur Janine strahlt weiter.

Ach ja, Uwe und Mario sind geflogen und müssen sich jetzt Jobs suchen – das könnte schwierig werden, da auch die blaugelben Oberstufenschüler auf den Markt drängen. „Was wird nur werden"; fragen sich Schulleiter Gauck, Hausmeister Michel und Schulsekretärin Lieschen Müller.

(Ähnlichkeiten mit lebenden Personen, real existierenden Kindergärten oder irgendwelchen Pausenhöfen sind natürlich in keiner Weise beabsichtigt und wären, wenn überhaupt, nur rein zufällig. Lediglich die Zitate sind echt.)

Anmerkung: Diese Glosse entstand im September 2013 anlässlich der Wahlergebnisse der Bundestagswahl und der Landtagswahl in Hessen.

Die Jugend von heute

„Die Jugend von heute liebt den Luxus, hat schlechte Manieren und verachtet die Autorität. Sie widersprechen den Eltern, legen die Beine übereinander und tyrannisieren ihre Lehrer." Das sage nicht etwa ich oder eine verärgerte Lehrkraft oder ein frustrierter Chef, nein, diese bedeutende Erkenntnis stammt von dem Philosophen Sokrates. Der lebte vor fast zweieinhalbtausend Jahren im hochentwickelten Griechenland, und dass auch er schon an der damaligen Jugend verzweifelte, lässt tief blicken. (Allerdings war er auch mit der bekanntlich mehr als zänkischen Xanthippe verheiratet, was seine Laune und Nachsicht gegenüber seinen Mitmenschen sicher nicht besserte.)

Ob dieser Ausspruch nun eher dazu angetan ist, Hoffnung zu schöpfen – so nach dem Motto, „Na bisher ist doch in jeder Generation noch alles gut geworden" – oder in Fatalismus zu verfallen – mit der großen, stets zu verneinenden Frage „Werden die denn jemals vernünftig?" - weiß ich nicht. Auf jeden Fall können wir daraus schließen, dass das Verhältnis der Jungen und der Alten untereinander schon vor 2.500 Jahren auch in den besseren Kreisen nicht das beste war.

Was ich persönlich eher beruhigend finde. Denn wie oft hält man sich als Eltern pubertierender Kinder für die völligen Versager, für grenzdebile Nörgeltanten, die schon morgens nach dem ersten Augenaufschlag, gewissermaßen mit dem ersten Blick ins Teenagerzimmer, Streit mit ihren Kindern suchen und das – natürlich – völlig zu Unrecht! Wir sehen Jugendliche, die Kritik stoisch hinnehmen – meistens hören sie sie ja auch nicht, weil kleine weiße Stöpsel mit ihren Ohrmuscheln verwachsen sind – oder die auf Kritik mit einem tiefen, fast gerülpsten „Mein Fehler" antworten – eine Antwort, die sie von einer gelben, infantilen, übergewichtigen Comicfigur mit einem Job im Atomkraftwerk übernommen haben, und die sie von allem freizusprechen scheint. Sie nennen sich alle gegenseitig „Alter" oder „Ey Alter" – ganz egal, ob Männlein oder Weiblein – und ihre Finger- und Handgelenke weisen wegen der ununterbrochenen Nutzung von Smartphones bereits einen völlig neuen Typ von Arthrose auf, die in ein, zwei Generationen ihr Ende vermutlich in einer genetischen

Veränderung der Handwurzelknochen finden wird. Der opponierbare Daumen, der uns Primaten von allen anderen Tieren unterscheidet, wird dem neuartigen Wisch- und Tippfinger weichen. Soweit der Blick in die Zukunft.

In der Gegenwart ist es tatsächlich so, dass man sich angesichts der weitgehend maximal gechillten und ansonsten von dem Riesenangebot um sie herum restlos überforderten Jugend gerne mal die Frage stellt: „Was soll nur aus ihnen werden?"

Stopp, rufe ich mir dann zu! Das ist doch genau die Frage, die sich unsere Eltern vor dreißig Jahren gestellt haben, als unsere Generation die „Null-Bock-Generation" hieß, als einige von uns Punker waren oder ausschließlich in den alten Klamotten ihrer Großväter rumliefen (Ähnlichkeiten mit lebenden Kolumnistinnen sind weder unbeabsichtigt noch zufällig). Während die eine Hälfte von uns wilde Partys feierte – das Abi-Treffen eines hier nicht weiter genannten Jahrgangs des hiesigen Gymnasiums gilt heute noch als legendär und der damalige Alkoholkonsum wurde bis heute nicht getoppt -, saß die andere Hälfte Tee trinkend und von Räucherstäbchen benebelt in ihrem Zimmer, so dass sich ganz normale Eltern damals fragen mussten, was nun besser ist: Party oder Kontemplation – sofern sie wussten, was Letzteres ist.

Meinen Eltern jedenfalls muss es manchmal himmelangst mit mir geworden sein, und im Nachhinein betrachtet, ließen sie damals eine für ihre Verhältnisse unglaubliche Contenance walten. Warum auch immer: Sie glaubten, dass alles gut wird. Und was soll ich Ihnen sagen: Sie hatten recht damit. Aus den meisten jungen Leuten von vor dreißig Jahren ist etwas geworden: Punker wurden zu Polizisten, Partylöwen zu Schulleitern, Modeverweigerinnen zu Shopping Queens. Alles ist möglich! Ich finde, das lässt hoffen, wenn man wieder mal über die Jugend von heute verzweifelt. Ich habe von Fünftklässlern gehört, die sich wegen des Verbots, das Schulgelände in den Pausen zu verlassen, ihre Pizza per Pizzablitz dorthin bestellt haben. Das lässt hoffen: Ich denke nicht, dass wir uns um diese jungen Leute sorgen müssen!

Stöpselkinder

Wenn man sich so umschaut und dabei – was angesichts des demografischen Wandels wohl immer seltener wird – auf Menschen unter 25 blickt, sieht man seit Jahren ein sich immer weiter ausbreitendes Phänomen: In den Ohren der Menschen dieser Altersgruppe stecken kleine Stöpsel, die an dünnen Kabelchen festgemacht sind, die wiederum unauffällig unter der Jacke, in der Hosentasche oder im Schulranzen verschwinden. Dort stecken sie meist in einem mobilen Endgerät. Und von dort aus kriegen die Nutzer desselben offenbar permanent was auf die Ohren. Keine Ahnung, was. Ich – menschgewordenes Relikt aus der Generation Walkman – würde auf Musik tippen, aber ich denke, es sind noch andere Dinge: Tutorials vielleicht, kleine Filmchen, Sprachnachrichten, was auch immer. Man gewinnt leicht den Eindruck, dass die jungen Leute heutzutage nirgends mehr ohne ihre Stöpsel hingehen. Und wenn ich schreibe, nirgends, dann meine ich auch nirgends.

Ich mag mir gar nicht vorstellen, wie sich das auswirkt, wenn man unaufhörlich beschallt wird! Bleibt zu hoffen, dass die plug kids, wie sie im Fachjargon seit eben dieser Veröffentlichung heißen, wenigstens während der Schulstunden, der Vorlesung und am Arbeitsplatz mal kurz off sind, aber meine Hand würde ich dafür nicht ins Feuer legen. Stöpselkinder sitzen beim Frühstück mit den Stöpseln im Ohr, manchmal lachen sie dann laut vor sich hin, und keiner außer ihnen weiß warum. Manchmal wackeln sie mit dem Kopf zu für Außenstehende unhörbarer Musik. Sie selbst hören natürlich nicht, wenn man sie fragt, ob sie für die Schule klar sind, allerdings antworten sie laut und deutlich, auf die Frage, ob sie heute vielleicht Geld für einen Pausendöner brauchen. Die wunderbare Welt des selektiven Hörens.

Stöpselkinder tragen ihre Stöpsel auf dem Weg zur Schule, auf dem Fahrrad oder zu Fuß. Das Verkehrstreiben findet von ihnen ungehört statt, und es ist ein Wunder, dass nicht täglich mindestens eins von ihnen überfahren wird. Zuhause legen Stöpselkinder ihre Stöpsel während des Essens nur unter Androhung schwerster Entzugsmaßnahmen für einen Moment beiseite oder um sie vor dem PC durch ein fettes Headset zu ersetzen, mit dessen Hilfe sie im Teamspeak um die ganze Welt chatten. Ist das eigentlich normal? Und geht das wieder weg?

Hin und wieder gerate ich beim Anblick verstöpselter Kinder an die Grenzen meiner Toleranz – besonders, wenn sie sich in meinem Haushalt aufhalten. Dabei war ich doch selbst eines dieser Stöpselkinder. Vor vierzig Jahren!

Stöpselkinder in den Siebzigerjahren, liebe Leserinnen und Leser unter zwanzig, waren so arme Kinder wie ich, die samstags, als der Badeofen einmal in der Woche das Badewasser auf Wohlfühltemperatur gebracht hatte, gemeinsam mit ihrer Schwester baden mussten. Und da ich die Jüngere war, musste ich auf dem Stöpsel sitzen. Einige mögen sich erinnern, dass die Stöpsel damals längst nicht so komfortabel waren wie heute. Sie waren aus Gummi und an einer Öse war eine Kette befestigt, die wiederum kurz unter dem Badewannenrand festgemacht war. Saß man also auf dem Stöpsel, drückte sich die Öse in den Po, wollte man sich hinten anlehnen, um es sich bequem zu machen, hatte man die Kette im Rücken. Wollte man mit der großen Schwester den Platz tauschen, erntete man ein müdes Lächeln.

Lange Zeit habe ich mit niemandem über mein Schicksal als Stöpselkind gesprochen. Bis irgendwann einmal meine Freundin Roswitha davon anfing. Ihr war es ähnlich ergangen. Und wissen Sie, was? Ich glaube, dass wir viele sind! Und dass viele von uns gar nicht wissen, in was für einer großen Community sie sich befinden. Vielleicht sollte ich mal eine Stöpselkinder-Facebook-Gruppe gründen, damit endlich alle derart Traumatisierten ein Forum haben. Mein Bruder würde dann wahrscheinlich eine Gruppe für Jungs gründen, die zwar alleine, dafür aber im benutzten Wasser ihrer Schwestern baden mussten. Es waren harte Zeiten, die Siebziger!

Aber – ich denke, das kann ich mit der gebotenen Subjektivität durchaus sagen – wir haben keine bleibenden Schäden zurückbehalten, was für die heutigen plug kids erst noch zu beweisen wäre!

Schiffschaukel-Blues

Ich weiß ja nicht, wie es Ihnen geht, aber mich überkommt auf dem Pfingstmarkt manchmal so eine Melancholie. Dieses Jahr zumindest war es so und nicht erst, als ich mich am Dienstag zu vorgerückter Stunde und nach einigen Bieren aus dem Festzelt auf den Heimweg machte, während rundherum schon das große Abbauen begann. So ein Gefühl, als würde etwas fehlen, etwas ganz, ganz Wichtiges.

Manchmal hilft es ja, wenn man den Blickwinkel ändert und von oben auf die Dinge sieht – das sagte zumindest mal der Astronaut Ulrich Walter. Nun kann ich ja nicht mal eben ins All fliegen, wenn ich Erleuchtung suche, was nicht selten der Fall ist. Aber in dieser speziellen Angelegenheit konnte ich zumindest mal das Riesenrad (jetzt habe ich zuerst schon „Riesenrat" geschrieben, danke, Herr Freud!) bemühen und in meiner Gondel hoch oben über Alsfeld auf Einfälle warten. Ich liebe Riesenrad fahren, auch wenn meine Kinder käseweiß neben mit saßen und fragten „Wann fährt es denn wieder runter?" Die mögen halt lieber Disco-Jet und diese anderen komischen Sachen, von denen mir seit vielen Jahren nur noch schlecht wird. Außerdem habe ich Angst: Ich will nicht im freien Fall von irgendwo runterfallen und mich dabei auf einzelne Schrauben verlassen, die von einzelnen Menschen festgedreht wurden. Ich will auch nicht kopfüber irgendwo drin hängen und hoffen, dass hinterher noch alles an Ort und Stelle ist – falls es ein Hinterher überhaupt gibt! Ich brauch' das alles nicht - mein Leben ist auch so aufregend genug. Riesenrad aber geht – als Einziges!

Von oben sah ich viele kleine Menschen, die sich feingemacht oder nicht feingemacht auf dem Gelände tummelten. Sie hielten Kinder an der Hand, die ihrerseits teure mit Gas gefüllte Luftballons an der Hand hielten und meistens furchtbar unglücklich waren, weil sie gerade nach der vermutlich 25. Fahrt dann doch das Karussell verlassen mussten. Sie versuchten ihr Glück an der Losbude oder am Fischbrötchenstand, suchten die Herausforderungen beim Softeis (Salmonellen / keine Salmonellen) oder beim Greifarmspielen. Sie unterhielten sich, gingen wortlos, schoben Kinderwagen, knutschen heimlich – das volle Jahrmarktprogramm aus der Astronautenperspektive für Arme – herrlich!

Plötzlich sah ich sie: Auf dem Kettenkarussell saß anmutig und voller Schönheit eine Elfe. Schön geschnitzt und in schüchternem Pastell bemalt. Nostalgie pur! Und als ich sie so sah, wusste ich, was mir fehlte: eine Schiffschaukel. Eine richtige Schiffschaukel: mehrere kleine Holzschaukeln in einer Reihe, die man selbst aus eigener Kraft antreiben konnte, bis man hoch nach oben flog oder bis man auf der Kirmes vielleicht den Nachbarsjungen in sich verliebt gemacht hatte, so dass er die Schiffschaukel alleine antrieb, bis sie ihn und das Mädchen hoch in den Himmel trug und der Rock des Mädchens sich hob wie seinerzeit bei Marylin auf dem Lüftungsschacht!

Sie merken es: Da schwingen jede Menge Erinnerungen mit – und zwar im wahrsten Sinne des Wortes! Erinnerungen an die Kirmes in einem kleinen Dorf, in dem tatsächlich die Schiffschaukel und die Schießbude die einzigen Attraktionen waren. Je nachdem, wie begehrt man war (und wie gut die Jungs schießen konnten), konnte man am Ende der Kirmes einen ganzen knallbunten Plastikblumenstrauß sein eigen nennen und bis zur nächstem Kirmes anschmachten. Und dann erst noch die Schiffschaukel-bremser! Traumberuf für viele Jungs, die sehnsüchtig das Schild „Junger Mann zum Mitreisen gesucht" anschauten, wohlwissend, dass sie auch in diesem Jahr nach der Kirmes wieder ihre gewohnten Wege gehen würden und der ganze kleine Rummel ohne sie weiterziehen würde. Aber man wird ja mal träumen dürfen!

Wie war ich da jetzt draufgekommen? Ach ja, die Schiffschaukel, besser gesagt, die fehlende Schiffschaukel! Ehrlich gesagt, weiß ich gar nicht, ob ich heute noch darin schaukeln würde: die Knie, wissen Sie, und die Kondition! Und der Rücken meines Mannes. Und der Anblick, wenn der Rock sich hebt. Und überhaupt...

Vielleicht sollte man dann doch lieber Vergangenes ruhen lassen und sich beherzt in den Disco-Jet setzen. Oder ins Kettenkarussell. Nächstes Jahr. Vielleicht. Bis dahin noch viel Spaß auf dem Rummelplatz des Lebens!

TRAUDI SPEZIAL oder GEHT DAS NUR MIR SO?

Zeit

Zeit ist wohl eine physikalische Größe – eine schwer messbare, wie ich kürzlich durch einen Vortrag erfahren habe, subjektiv in der Wahrnehmung jedes Einzelnen. Meiner Wahrnehmung entzieht sie sich manchmal völlig, was vielleicht daran liegt, dass ich es mit der Physik grundsätzlich nicht so habe. (Es war die erste Naturwissenschaft, die ich in der Oberstufe abgegeben habe, bei der nächsten sich bietenden Gelegenheit gefolgt von Chemie. Schon damals lagen mir die philologischen Fächer einfach besser!)

Ganz häufig bleibt die Zeit mir mysteriös, so wie neulich, als ich feststellte, dass ein Theatertermin, den ich im letzten Jahr eingetragen hatte und der damals noch ganz allein den Juni erleuchtete, plötzlich geradezu umzingelt war von vielen kleinen boshaften Pflichteinträgen wie ein Bleichgesicht am Marterpfahl. Wie konnte das bloß kommen und warum habe ich es nicht kommen sehen? Schließlich habe ich doch alle Termine selbst eingetragen! Warum lebe ich nach so vielen Jahren immer noch so, als könne ich tatsächlich 24 Stunden am Tag verplanen, als könne ich endlich an zwei Orten gleichzeitig sein? Da ist sie wieder, die Physik und die subjektive Wahrnehmung von Zeit!

„Aber man muss doch auch mal einen privaten Termin haben, einen Theaterbesuch, ein Frühstück mit der Freundin", ruft mir der ausgeprägte gesellige Teil meines Ichs zu. „Aber die beruflichen Termine und die Termine mit den Kindern gehen vor!", gibt das hyperaktive pflichtbewusste Ich zu bedenken. (Ich bin auch Küchen-Psychologin, falls Sie das noch nicht wussten.) Und schon sitze ich mittendrin in einem Dilemma, das kein Physiker, kein Philosoph und kein Kaffee für mich lösen können. Einzig auf meine Freundinnen ist Verlass. Fast jeder Termin, den wir vereinbaren, wird von einer von uns ein bis zwei Mal abgesagt, bevor er nach Wochen und Monaten dann vielleicht doch zustande kommt. Und nicht, dass die andere böse darum wäre. Nein, insgeheim ist jede von uns froh, auf diese Weise wieder unverhofft ein paar mehr Stunden zur Verfügung zu haben, die – zumindest was mich betrifft – aufgrund meiner angeboren Physikschwäche und Beratungsresistenz gleich wieder mehrfach verplant werden.

Da nützen auch keine Ratgeber mit so wunderbar schlauen Titeln wie „Wenn du es eilig hast, gehe langsam!" etwas oder solche, die alte Tierweisheiten wie die „Bärenstrategie", die „Mäusestrategie" oder das „Pinguin-Prinzip" vermitteln. Ich weiß nicht, ob ich schon dazu bereit bin, von den Bären zu lernen, wie ich mein Leben besser in den Griff bekomme, so wie es der Autor in einem sterbenslangweiligen Trailer verspricht. Und wie kann ich mir sicher sein, dass der Bär es tatsächlich weiß und nicht blufft, mir also gewissermaßen nur einen Bären aufbindet, oder, wenn wir schon dabei sind, einen Bärendienst erweist?

Sie würden mir den Bestseller „Simplify your Life" empfehlen? Danke, hab' ich schon zweimal gelesen. Leider ist alles wahr, was darin steht, nur umsetzbar ist es nicht. Und ich frage mich, ob ich tatsächlich den Rat befolgen will, einen „jour fixe" im Monat zu veranstalten, an dem, wer auch immer mag, sich bei uns zum Essen einladen kann, aber dann muss auch wieder mal vier Wochen gut sein. Unsere Tür steht (fast) immer offen, und das ist auch gut so, selbst wenn es meinen viel zu straffen Zeitplan durcheinander bringt (ist ja irgendwie auch egal, ob man einen Zeitraum nun zwei-, drei- oder viermal verplant hat), und nur in ganz seltenen Fällen wird auch mal jemand auf später vertröstet.

Die Zeit – ein Mysterium, ähnlich wie die anderen physikalischen Größen Konsequenz, Ordnung und Geduld, mit denen ich schon seit der Oberstufe meine Probleme habe, aber darüber werden sie wann anders lesen!

Anti-Diät-Tag

Fast jeder Tag ist heute ja irgendetwas gewidmet. Selten etwas Wichtigem, aber das ist natürlich relativ. Am 27. Mai zum Beispiel kann man den Welttag des Purzelbaums feiern. Natürlich hat so ein Purzelbaum seine Daseinsberechtigung, aber ob man ihm gleich einen ganzen Tag widmen muss? Oder wenige Tage vorher, am 24. Mai, wird der Weinbergschnecke gedacht. Wussten Sie eigentlich, dass diese gehäusetragende Landschnecke in freier Natur bis zu acht Jahre alt werden kann? Die Weinbergschnecke ernährt sich von welken Pflanzenteilen und Algenbewüchsen, die sie mit ihrer Raspelzunge, auf der sich rund 40.000 Zähnchen befinden, abweidet. Interessant, oder? Besonders in Frankreich sind die schleimigen Dinger ja eine beliebte Delikatesse. Mit Kräuterbutter im Ofen gegart, gehen sie dort täglich zu Tausenden über die Restauranttische.

Am vergangenen Montag waren es bestimmt noch ein paar mehr, schließlich war Internationaler Anti-Diät-Tag! Endlich mal was Vernünftiges, dachte ich, ein Tag, den die Menschheit braucht! Er wurde 1992 initiiert, natürlich von einer mir seelenverwandten Diät-Abbrecherin. Selbstverständlich nicht aus Frust über die eigene Schwäche, sondern aus Protest gegen den Schlankheitswahn. An diesem Tag sollen Frauen (ich denke, Männer dürfen sich auch angesprochen fühlen) ihre Kleiderschränke ausmisten und zu eng gewordene Klamotten spenden, Diät-Kochbücher entsorgen und sich mit ihrem eigenen Spiegelbild anfreunden. Was manchmal leichter gesagt ist als getan, denn es ist ja nicht immer witzig, wenn man zu Beginn des Sommers mit der bangen Frage vor dem Kleiderschrank steht, ob einem die Sachen vom letzten Jahr noch passen.

Was tun wohl die Stars, um ihre schlanke Linie zu halten, fragte ich mich am Anti-Diät-Tag und gebe hiermit zu, den Sinn des Tages schon mal fürs Erste nicht verstanden zu haben. Kate Moss und Lily Allen halten sich, wie man aus eingeweihten Kreisen erfahren konnte, an die Rockerbraut-Diät. Hier sind lediglich Kaffee, Zigaretten, Champagner und Wodka erlaubt. Über die Dauer der Diät waren keine Angaben zu finden, was mich ein wenig verwundert und auch ein kleines bisschen besorgt. Weitaus weniger lustig geht es bei Gwyneth Paltrow zu. Auf ihrem Plan sind Koffein, Alkohol, Milch und Zucker verboten. Ebenso rotes Fleisch und Mehl. Neben einer festen Mahlzeit am Tag sind nur Mandeln und Flüssigkeiten erlaubt. Klingt nicht wirklich spannend. Aber um so auszusehen wie die schöne Gwyneth, wäre es ja vielleicht mal einen Versuch wert. Ganz schlau ist dagegen Jennifer Aniston. Die ewige Ex von Brad Pitt nimmt einfach kleinere Teller, wenn sie abnehmen will. Ich tippe so auf die Größe eines 10-Cent-Stücks, wenn ich sie mir so anschaue. Das wäre mir ehrlich gesagt ein bisschen klein.

Hart zur Sache geht es angeblich bei Elle MacPherson: Akkupunktur, Lymphdrainage und Darmspülungen helfen der Dame, die in Fachkreisen nur ehrfurchtsvoll „The Body" genannt wird. Von nix kommt halt nix. Auch bei Heidi Klum geht nichts ohne Schmerzen. Wer innerhalb von zwei Wochen sieben Kilo abnehmen muss, wozu ich Heidi Klum so unter uns Gummi-Schnuggel-Liebhaberinnen schon immer mal raten wollte, der muss sich mit seinem Personal Trainer quälen. Allerdings stellt der dafür eine Reduktion des Bauchumfangs von 13 cm in Aussicht! Madonna ernährt sich übrigens angeblich nur von Soja, Vollkornreis und Algen, womit wir hier eine so schöne wie überraschende Parallele zur eingangs erwähnten Weinbergschenke finden. Einzig Sarah Jessica Parker hungert nicht (!). Sie wird wahrscheinlich nur so viel essen, wie sie in ihrem Handschuhfach, das sie bewohnt, lagern kann, und schon ist alles geritzt.

Ich werde mich jetzt eher mal auf die kommenden Tage konzentrieren: Am 13. Mai ist Apfelkuchentag – leider nur in den USA, aber ich finde, den könnte man hier schon auch einführen, oder? Genau wie den Vanilleeis-Tag am 23. Juli. Und dann war da doch noch so ein Tag. So ein Tag, der nach einem weiblichen Familienmitglied benannt ist, was war das gleich noch? Danach werde ich morgen mal meine Jungs fragen!

Generisches Maskulinum

Guten Morgen, liebe Leserinnen! Natürlich sind auch alle männlichen Leser gemeint, aber nachdem die Uni Leipzig jetzt die hervorragende Idee hatte, die nun schon Jahrhunderte andauernde Phase des generischen Maskulinums an ihrer Einrichtung zu beenden, schließe ich mich als alte Emanze mit Freuden an! In Leipzig nämlich soll ab sofort die weibliche Form die allgemeine Form sein. So soll, wann immer eine Gesamtheit von Menschen gemeint ist, nicht mehr die männliche Form einfach alle miteinschließen, sondern die weibliche Form: Nur noch Professorinnen und Studentinnen weit und breit! Wo früher (oder in rückständigen Texten noch heute) bestenfalls einmal der Hinweis stand „Aus Gründen der Lesbarkeit haben wir uns entschieden, bei allen Personenbezeichnungen die männliche Form zu verwenden. Weibliche Personen sind hier mitgemeint", da steht ab sofort, sagen wir mal für die nächsten 2000 Jahre eben, dass Männer mitgemeint sind.

Das werden Sie doch mal aushalten, meine Herren, oder? Schließlich sind inzwischen ja auch die Männer emanzipiert, und die Leipziger Idee stammt sogar von einem Mann, dem Physikprofessor Josef Käs. Es ist also nicht alles schlecht, was aus dem Osten kommt! Wie oft habe ich mich schon geärgert, wenn in einem Beitrag für die Zeitung, sagen wir mal über die Maßschneiderinnen und Maßschneider einer hiesigen Berufsschule, ein einziger anwesender Mann mir die komplette Pluralform geschmissen hat: Obwohl eine fast rein weibliche Domäne, zwang mich dieser eine dazu, den allgemeinen, sprich den männlichen Plural zu nehmen. Doppelnennungen, wie eben „Maßschneiderinnen und Maßschneider", „Schülerinnen und Schüler" entfallen meistens zu Gunsten einer Platzersparnis oder werden von der Redaktion mal eben gestrichen. Damit befindet die sich übrigens ganz auf der Höhe der Zeit: Die genuschelten Pluralformen, die manche Politiker beispielsweise an den Tag legen, hören sich nämlich sogar eher so an, als ob sie die männliche Form zweimal sagen: „Liebe Wählern und Wähler" ist doch häufig schon das Höchste, das sie an weiblichem Plural hervorbringen.

Umso schöner, dass nun die Uni Leipzig eine solche Größe zeigt, und eigentlich ist es ja auch logisch, schließlich sind die männlichen Formen, da die weiblichen ja meistens länger sind, in den weiblichen Formen ja ohnehin fast immer schon enthalten.

Die Idee der Uni Leipzig ist übrigens nicht neu: Als ich vor vielen Jahren an der Uni Mainz Sprachen studierte (85% Prozent Frauen, 15% (strickende) Männer - es waren die späten 80er - und übrigens 85% männliche Professoren und 15% weibliche), da ging eine Petition durch den Fachbereich. „Ich will Übersetzerin / Dolmetscherin werden", stand darüber, und sie bezog sich darauf, dass in allen Schriften der Uni aus den bekannten der Gründen der Zeit- und Platzersparnis die männliche Form, das generische Maskulinum, zu finden war, obwohl wir fast alle Frauen waren. Die meisten unserer männlichen Kommilitonen legten damals ihr Strickzeug für einen Moment zur Seite und unterschrieben mit. Sehr löblich. Durchgesetzt hat sich das aber bisher nicht. Dafür diese zwanghafte Schreibweise mit dem großen I in der Mitte, „Binnen-I" genannt", die jedem Menschen mit ein wenig Sprachgefühl die Tränen in die Augen treibt. Oder die gutgemeinte, aber schlecht gemachte Lösung mit den Schräg- und Bindestrichen, die zu Konstruktionen führt wie „Lehrer/-innen" oder schlimmer noch, mit einer Klammer mitten im Wort wie bei „Kolleg(inn)en". Alles politisch korrekt, aber irgendwie nicht schön und auch nicht aussprechbar.

Geht man nun davon aus, dass Jacob Grimm, ja, DER Jacob Grimm, das Maskulinum, die männliche Form also, als das „lebendigste, kräftigste und ursprünglichste unter allen Genuskategorien" sah und quasi als erster die Möglichkeit, maskuline Personenbezeichnungen auch auf Frauen anzuwenden, umsetzte, so fordere ich heute gemeinsam mit der Uni Leipzig ein Ende der Märchenstunde.

Es lebe das generische Femininum und damit Ihnen, liebe Leserinnen, viel Spaß beim Diskutieren!

Bitte lächeln!

Ich mache mir Sorgen. Ungern. Aber jedes Mal, wenn ich Richtung Lauterbach fahre und durch Reuters muss, beschleicht mich ein ungutes Gefühl. Umso mehr, seit die mir vertrauten Blitzanlagen durch schwarze High-Tech-Anlagen in mehrfacher Ausführung am Ortseingang und am Ortsausgang ersetzt worden sind. Nicht, dass Sie jetzt denken, ich hätte Angst geblitzt zu werden. Im Gegenteil. Ich lasse mich oft und gerne mobil fotografieren. Hätte ich all die schönen Fotos, die man nun seit fast (fast!) dreißig (dreißig!) Jahren von mir machen kann, ordentlich archiviert, hätte ich eine aussagefähige Dokumentation über die Entwicklung von Falten, Haarmode und Brillendesign von 1985 bis heute. Habe ich aber nicht, auch wenn die Fotos immer vergleichsweise teuer waren. Apropos teuer: Ich habe keine Ahnung, was so eine Hightech-Blitzanlage wie die in Reuters kostet, aber ich kann mir kaum vorstellen, dass sie sich rechnet. Schon allein das Design ist ja so dermaßen ausgeklügelt, Design-Preis-verdächtig geradezu mit dem puristischen, reduzierten Look. Da war bestimmt die Jil Sander der Blitzgerätedesigner am Werk! Und die Technik erst! Kameras, wohin man schaut, ein veritables Blitzlichtgewitter, fast so, als sei man prominent, nur weil man einmal durch Reuters fährt!

Ich glaube aber inzwischen, dass Reuters insgeheim viel mehr ist als nur ein 180-Seelen-Dorf. Dass es zur Kreisstadt gehört, kann auch nicht den Ausschlag für eine solch pompöse Ausstattung geben - was also hat es mit diesem geheimnisumwitterten Ort auf sich? Hat man vielleicht in einer heimlichen Nacht- und Nebelaktion die Goldreserven der Bundesrepublik dorthin gebracht, so dass nun jeder der 180 Reuterser auf knapp 1 Milliarde Euro in Gold sitzt? Und werden nun nicht nur die Zu-schnell-Fahrer von hinten und von vorne sowohl beim Einfahren in das Hochsicherheitsareal als auch beim Verlassen desselben fotografiert, gefilmt, vermessen und biometrisch erfasst, sondern grundsätzlich alle Durch-Reuters-Fahrenden? Oder ist Reuters gar eine maßgebliche Außenstelle der NSA? Werden von Reuters aus hochbrisante Daten aus dem Vogelsberg und der Welt gesammelt und rund um den Globus geschickt? Laut einem aktuellen Bericht der „Zeit" kündigt der Guardian-Journalist Gleen Greenwald „Enthüllungen mit Deutschland-Bezug" an! Es wird sich doch dabei nicht um Reuters handeln?!

Sie sagen jetzt vielleicht, ich hätte zu viel Fantasie oder zu viele Verschwörungsfilme gesehen, aber ich sage Ihnen, normal ist das nicht. Gut, wenn in Blitzenrod so etwas steht, in BLITZENROD, dann kann ich das ja noch verstehen, aber in Reuters! Na ja, wie dem auch sei, ich fand die Starenkästen einfach dezenter, gerade die mobilen, die man gerne auch mal mit Flecktarn kreativ und bildschön dekoriert hat. Zudem sollen die neuen Geräte ja gar nicht so genau sein. „Alles was modern ist, ist noch lange nicht praktisch", würde meine liebe Schwiegermutter dazu sagen, und in dem Fall hätte sie auch noch recht. Vielleicht, aber nur vielleicht, ist ja bei den neuen Geräten die Qualität der Fotos etwas besser, so dass man sich über die Anlage eines privaten Archivs doch noch einmal Gedanken machen kann. Oder sie zeichnen in Full HD auf. Schließlich hat der arme Beamte, der täglich die Fotos der Blitzanlagen der Nation auswertet, ein Recht auf hohe Qualität.

Egal, wie und warum und wieso – wenn es blitzt, bitte lächeln!

Schall und Rauch

Namen sind zwar Schall und Rauch, aber sie sind auch etwas, womit sich ihre Trägerinnen und Träger ein Leben lang herumschlagen dürfen – ich weiß, wovon ich spreche. Wenn man als süßes kleines Baby von seinen Eltern den Namen – und den gibt's hier und heute nur zweimal in seinen ganzen Ausmaßen zu lesen – Gertraude Irmgard bekommen hat, dann muss man sich fragen, was man damals an sich hatte, und kommt zu dem Schluss, dass man es lieber nicht wissen möchte. Wenigstens riefen sie mich „Traudi" und ich fiel aus allen Wolken, als ich bei meiner Einschulung sagen sollte, dass ich „Gertraude" heiße. Und wenigstens hat mich – außer meinem Lehrer Herr Grimm an der Neuhofer Gesamtschule, die nun übrigens auch ihren Namen ändern wird, weil sie nicht mehr „Wernher-von-Braun-Schule" heißen soll – auch niemand jemals so genannt.

Ach, was hätte ich darum gegeben, Susi oder Sabine zu heißen. Zeit meines Lebens träume ich davon zu sagen „Ich heiße Sabine". Kein „Häh?" oder „Und wie heißt du in echt?". Keine Kommilitonen, die mich von der Kontaktliste der Fernuni streichen, weil sie glauben, ich sei eine alte Oma, die nach der Rente noch mal durchstarten will. Keine Rückfragen, ob Waltraud, Edeltraud oder sonst was, schlichte Kenntnisnahme, fertig. Keine Menschen, die Claudi oder Traudel nach mir rufen – und zwar erfolgreich, denn ich höre ja seit Jahrzehnten auf alles, was irgendwie nach meinem Namen klingt, sogar auf Gundi. Dabei – und das muss ich meinen Eltern lassen – war der Name Gertraude in den 60er-Jahren des letzten Jahrhunderts zumindest eins nicht: Mainstream. Und vermutlich wird er es auch nie werden, so wie Emma, Lina oder Paula, die ja gerade grandiose Comebacks feiern – zu Recht!

Was allerdings in den 60er-Jahren Mainstream war, zeigt ein Blick auf eine Gästeliste zu einem 50. Geburtstag, die mir – rein zufällig natürlich – in die Hände fiel: Vier Ralfs und vier Helmuts schlugen dort auf der Männerseite zu Buche, gefolgt von jeweils drei Andreassen, Michaels und Thomassen, erstaunlicherweise nur von zwei Matthiassen, ein Name, der ja eher ein Sammelbegriff denn eine individuelle Namensgebung ist. Auf Seiten der Damen waren es natürlich die Susannen und Sabinen, die hier zusammen mit den Heikes jeweils vier Erscheinungspunkte holten, dicht gefolgt von drei Tanjas, die allerdings allesamt nicht mehr in die 60er-, sondern in die 70er-Jahre fielen. Damals regte sich mein Opa noch auf, dass es Leute gab, die „ihren Sohn Jasmin" nennen, wie er mir kopfschüttelnd mitteilte, - vermutlich war auch er ein Verfechter schöner altdeutscher Namen und hatte seine helle Freude an mir!

Heute müsste er sich wahnsinnig anstrengen, wenn er alle Namen noch verstehen wollte; wahrscheinlich wäre er über „Jasmin" geradezu erfreut, denn schaut man sich mal die Hitliste der Babynamen an, dann wäre es nicht schlecht, sie kämen mit Lautschrift daher: Chastity, Virginia, Shania oder Cheyenne-Joanne. „Tscheiänntschoänn" – klingt doch gut, oder? Vielleicht noch mit einem schönen ausgefallenen „Müller" als Nachname! Was mir als Neid der Besitzlosen ausgelegt werden könnte, ist ehrlich gesagt die blanke Erleichterung. Gertraude Irmgard ist zwar nicht der Brüller, aber immer noch besser als beispielsweise Fifi Trixibelle, Peaches Honeyblossom und Pixie Frou-Frou – so heißen die Kids des von mir sehr verehrten Bob Geldof. Deutsche Promis nennen ihre Kinder schon mal San Diego (Veronika Pooth), Don Hugo (Franziska van Almsick) oder Wilson Gonzalez, Jimi Blue und Cheyenne Savannah (Uwe Ochsenknecht). Ab einem gewissen Grad ist es nicht mehr schön, einen seltenen Namen zu haben.

Und daher sitzen auch heute noch in den Klassen, dort wo früher die Ralfs und die Susis saßen, die Leas und Emilias neben den Jonassen und Leons. Und wer weiß, wenn in fünfzig oder hundert Jahren wieder mal nach etwas ganz, ganz Schrägem, Neuem und Ungewöhnlichem gegraben wird, dann kommt vielleicht doch auch wieder... Nein, zum dritten Mal sag ich's jetzt nicht!

Allen Sabinen und Susis viel Spaß mit ihren Namen – ich bin überhaupt nicht neidisch!

Tiefgekühlt

Frauen lieben es ja, Dinge einzufrieren: Frisches aus dem Garten, Übriggebliebenes vom Mittagessen, Grillvorräte im Frühling, Errungenschaften vom mobilen Frostlieferanten für „wenn ich mal nicht da bin, die Jungs aber schnell ein Essen brauchen", Wollpullover, die schockgefroren nicht mehr fusseln sollen. Vieles davon könnte man sich sparen. Manches rutscht in die hinterste Ecke und dümpelt unter einer leichten Eisschicht vor sich hin, bis es vergessen ist und die Einfriererin Monate oder Jahre später davon überrascht wird, wenn es bei Ausgrabungen im Gefrierschrank wieder zu Tage kommt – meist ohne Etikett, da es ja nur mal kurz aufgehoben werden sollte. Über das weitere Schicksal eines solchen, in bester Absicht eingefrorenen Päckchens will ich an dieser Stelle lieber schweigen. Es ist kein Ruhmesblatt in Sachen Haushalts- und Nahrungsmittelmanagement.

Gut, dass man sich jetzt endlich mal auf höherer Ebene des Einfrierens annimmt: Apple und Facebook haben das „Social Freezing" erfunden! Es wurde auch Zeit! Nachdem jahrelang nur Nahrungsmittel eingefroren wurden, können nun endlich auch Eizellen eingefroren werden. Darauf hat die Welt gewartet! Ok, erfunden haben die Damen und Herren der Vorstände dieser beiden Unternehmen das Einfrieren von weiblichen - vielleicht muss man mal der Erklärung halber dazusagen, menschlichen - Eizellen natürlich nicht, und es gibt das auch schon länger, aber sie sind die ersten Unternehmen, die es ihren Mitarbeiterinnen quasi als Sonderleistung zusätzlich zum Gehalt anbieten. So wie Fitness im Betrieb oder Blumen zum Geburtstag. Natürlich nur aus reiner Nächstenliebe, versteht sich. Denn wenn die Eizellen erstmal friedlich im Frost ruhen – der hoffentlich aufgeräumter ist als meiner -, dann kann sich eine Frau ganz entspannt der Firma, ääh, ihrer Arbeit und Karriere widmen und auf den richtigen Zeitpunkt warten, um Mutter zu werden. Oder auf den richtigen Mann. Dessen Alter spielt ja beim Kinderwunsch angeblich keine Rolle (siehe Charlie Chaplin oder Jean Pütz), ebenso wenig wie der Wunsch des Kindes nach dem passenden Alter der Eltern berücksichtigt wird. Denn trotz gestiegener Lebenserwartung ist es nicht sehr wahrscheinlich, dass über 70-jährige Väter ihre Kinder bis zum Erwachsenenalter begleiten. Und die Mütter? Die mit den von Apple und Facebook eingefrorenen Eizellen? Können die ein solches Angebot am Anfang ihrer Karriere eigentlich ablehnen? Und wann wissen sie, wann der richtige Zeitpunkt ist, die Dinger wieder aufzutauen? Wenn die Karriere auf dem Tiefpunkt ist? Wann ist man als Frau für sein Unternehmen nicht mehr wichtig? Oder andersherum: Kann man es verantworten, das 20.000-$-Geschäft platzen zu lassen, wenn es einem gerade danach ist, man aber für die Firma just zu diesem Zeitpunkt schwer abkömmlich ist? Schließlich hätte die dann ja umsonst investiert! Wann also macht eine Frau sich mit ihrer Familienplanung bei ihrem Chef am wenigsten unbeliebt?

Es ist auch ohne eingefrorenen Eizellen für Frauen heute schwieriger denn je, den richtigen Zeitpunkt für die Familienplanung zu finden. Das liegt aber nicht daran, dass irgendwas nicht eingefroren oder aufgetaut ist, sondern dass Kinder heute den Frauen immer noch die Karriere versauen und ein Armutsrisiko sind. So einfach ist das. Egal, ob die Frauen 30, 40 oder 50 sind, wenn sie Kinder kriegen. Es sei denn, man ist Ursula von der Leyen, aber wer will das schon? Vielleicht würde es mit 60, so zum Rentenalter hin, etwas komfortabler. Ein Alter, in dem auch Firmen dann langsam gerne zu ihren Mitarbeiterinnen Adieu sagen. Und zum Ausstand kriegen sie dann in einem Tupperdöschen noch ihre 35 Jahre alten Eizellen mit – zur freien Verfügung sozusagen.

„Was modern ist, ist noch lange nicht praktisch", sagt meine Schwiegermutter manchmal. Manchmal hat sie damit recht. (Siehe Seite 103.) Praktisch wäre es, wenn man manche Idee einfrieren könnte, am besten in meinem Gefrierschrank. Dort hätte sie gute Chancen, ohne Etikett vor sich hinzudümpeln, bis Jahre später keiner mehr wüsste, was drin war. Und so richtig frisch wäre sie dann ja auch nicht mehr...

So, jetzt aber mal zum Gefrierschrank, schauen, was sich heute Schnelles zum Mittagessen darin findet - guten Appetit!

2B Done

„2B Done" ist sozusagen eine neudeutsche, englische Abkürzung, bestehend aus Zahlen und Buchstaben, die in ihrer Phonetik zu lesen und zu verstehen ist. „2B Done" heißt somit in etwa „Was zu tun ist" - eine schöne Umschreibung für etwas ziemlich Lästiges also, auch wenn es sich erst mal recht lässig anhört.

„2B Done" ist bei mir unheimlich viel, eigentlich alles, und daher habe ich auch viele 2B-Done-Listen, mit denen ich ständig experimentiere. Eine ganze Zeitlang reichte mein Kalender aus. Ich schrieb mir zu den einzelnen Tagen das, was an jedem Tag zu erledigen wäre. Hatte ich etwas nicht geschafft, übertrug ich es auf den nächsten Tag. Bald verbrachte ich mehr Zeit mit dem Hin- und Hertragen der Aufgaben, als mit dem Erledigen derselben, und auch die Kalenderblätter kamen irgendwann an ihre Grenzen. Nun habe ich nur noch so kleine Sachen wie terminierte Telefonanrufe oder Wiedervorlagen im Kalender stehen. Die übertrage ich zwar auch gerne auf den nächsten oder übernächsten Tag, aber es sind nicht so viele. Die anderen Sachen, etwa „Kolumne schreiben", „Steuermeldung" oder „Beitrag Kaninchenzuchtverein" schrieb ich zunächst in eine Excel-Liste mit einer Spalte für wann es fertig sein musste und wann ich es machen würde. Je länger die Liste wurde, umso flexibler wurden die Spalten: So eine Excel-Tabelle ist genauso geduldig wie Papier, stellte ich fest, und wenn ich anfangs das Fälligkeitsdatum noch mit einem schlechten Gewissen verschob, fiel es mir bald zunehmend leichter. Ganz dringende Sachen markierte ich rot, andere blau, manche grün, je nachdem, was ich ihnen für Informationen dadurch mitgeben wollte - hintendran hingen die armen Unmarkierten, ohne realistische Aussicht, jemals erledigt zu werden. Meine Zeitnot wurde nicht besser, und am Ende, fand ich, hatte sich die Tabelle nicht bewährt. Ich ging zu handschriftlichen Listen über. Alles, was man mit der Hand schreibt, soll sich ja viel tiefer ins Bewusstsein graben und daher viel effektiver sein!

Ich schaffte mir Karteikarten an. A6 zunächst und übertrug auf diese Karten alles aus der Excel-Liste, das ganz dringend war. Den Rest ließ ich stehen. Bald war alles ganz dringend, so dass ich alles übertrug, und die armen ein, zwei Dinge, die seit Jahren einen festen, unantastbaren Platz auf der Liste haben, übertrug ich mit. Wäre ja blöd, wenn die nun alleine im Computer vor sich hindümpeln würden. Nun wurden die Karteikarten zu klein. Ich stieg um auf A5. Dort habe ich inzwischen drei Spalten. Die dritte heißt „Nicht aktuell". Ich übertrage sie nicht mehr, sondern habe sie einmal von einer Karte abgeschnitten und tackere sie an die neue. Vielleicht sollte ich sie umbenennen in „Not 2 Be Done".

Die anderen beiden Spalten sind gut gefüllt. Immer. Es ist nicht so, dass ich nichts streichen würde, aber für jede erledigte Aufgabe kommen gefühlt zwei neue dazu. Und manchmal schreibe ich auch Sachen darauf, die ich erledigt habe, bevor ich sie notieren konnte, nur damit ich sie wieder streichen kann. Streichen hat eine so befreiende Wirkung, wissen Sie! Zurzeit bekommen nun die ganz wichtigen Aufgaben einen Kringel um ihren Spiegelstrich, und seit neuestem schreibe ich mir das, was an diesem Tag unbedingt gemacht werden muss, auf einen Klebezettel und klebe es mit Uhrzeit versehen auf die Karteikarte. Meistens, so wie heute, kommt der Plan schon beim ersten Punkt durcheinander.

Da ich auch meine offenen E-Mails als unerledigt markiere, fand ich es schlau, meine 2B Done – Liste auch in Outlook zu führen. Doppelt hält besser, dachte ich. Hat sich aber nicht bewährt, da die Liste optisch nicht so ansprechend ist, wie meine mit bunten Stabilos handgeschriebenen Karteikarten. Und die Outlook-Liste muss man ja richtig ordentlich führen: den Endtermin eintragen, den Arbeitsfortschritt, Kommentare usw. Allerdings könnte ich diese Liste vielleicht mit meinem Handy und dem Tablet synchronisieren. Dann wäre ich immer und überall auf dem Laufenden darüber, was ich alles noch nicht erledigt habe. Und schon muss man aufpassen, dass nicht das Führen der To-Do-Listen selbst als oberste Priorität auf der Liste steht. Da fällt mir ein: Ich könnte doch die Unerledigte-E-Mail-Liste ausdrucken und an mein Karteikärtchen tackern! Mach' ich sofort – dann kann ich das schon wieder streichen!

Streichen macht frei – probieren Sie's mal!

Trick 17 oder die Not-To-Do-List(e)

An einem dieser schönen Sommerabende saß ich mit vier sehr sympathischen, sehr gutaussehenden und sehr intelligenten Frauen bei meinem Lieblingsitaliener. Wir hatten schon etwas Aperol zu uns genommen und auch etwas Rotwein, was die oben genannten Attribute allesamt noch ein wenig verstärkte, als wir begannen, uns unsere Geheimnisse zu erzählen (natürlich nur unter der Bedingung, keine Kolumne draus zu machen, versteht sich).

„Ich habe eine neue To-Do-Liste", sagte verschwörerisch lächelnd die eine von uns und zeigte ihr neuestes Tool, ein kleines Notizbuch, mit dem sie der Zeit und ihren Tücken endlich ein Schnippchen schlagen wollte, am Tisch herum. Es war sehr ordentlich geführt und in verschiedene Bereiche eingeteilt, und es nötigte uns allen sehr viel Bewunderung ab. Mir auch ein bisschen Neid, denn so etwas Ordentliches hatte ich schon sehr lange nicht mehr gesehen. Wo denn auch?! „Ich habe jetzt eine Short-List und eine Long-List", berichtete ich von meinen Anstrengungen in dieser Richtung, und verschwieg, dass die Long-List, also die mit den Aufgaben ohne festen Termin und folglich ohne jeden Druck, eigentlich eine Todesliste für Jobs ist, die irgendwann im großen Nirwana der unerledigten Dinge schweben. Dort werden sie viele weitere merkwürdige Dinge treffen, die einem im Lauf des Lebens so abhandenkommen, und vermutlich dafür sorgen, dass ich noch lange nach meinem eigenen Tod als Geist in unserem Haus werde spuken müssen, bis sie alle erledigt sind.

Jede von uns Frauen – mit oder ohne Familie, angestellt oder selbstständig, allesamt hyperaktiv – hatte eine andere Variante vorzuweisen, einige sogar digital auf dem Smartphone. Und plötzlich wurde uns klar, dass wir damit nicht etwa die Zeit beherrschen, sondern die Listen uns. Auf diese Erkenntnis mussten wir gleich nochmal einen Primitivo trinken, als ich von einer ganz neuen Art Liste erzählte, die mir bei der Lektüre meiner diversen Fachzeitschriften untergekommen war: die „Not-to-do-Liste". Eine gute Idee, speziell für den Urlaub, fand ich, denn darauf schreibt man einfach alles, was man nicht tun möchte. Und das ist ja gerade in dieser schönen Zeit des Jahres eine ganze Menge. Und so habe ich mich jetzt, kurz vor meinem mir selbst genehmigten Jahresurlaub von drei Wochen, hingesetzt und mir eine Not-to-do-Liste geschrieben, die ich gewillt bin, akribisch einzuhalten. Was ich die nächsten drei Wochen **NICHT** tun möchte – in wahlloser Reihenfolge:

vor acht Uhr aufstehen (scheitert schon am kommenden Montag an einem Zahnarzttermin) / kürzer als eine halbe Stunde frühstücken (könnte klappen) / den Computer anschalten (sehr schwierig) / auf die Frage „Was machen wir denn heute?" antworten (nicht einfach) / fragen „Was soll ich denn heute kochen?" (relativ leicht, da eh niemand antwortet) / Steuererklärung machen (sehr leicht, mache ich schon die ganze Zeit!) / auf meine Figur achten (der beste Plan von allen!) / an mein Bürotelefon gehen (auch sehr leicht, AB ist an!) / immer erreichbar sein (fast unmöglich) / ständig Mails abholen (vielleicht mal das Internet am Smartphone ausschalten?) / „Ja, ich kann" sagen (nur mit einem Knebel zu schaffen)

Wie Sie sehen, sind da ganz schön schwierige Sachen dabei! Das mit dem Computer zum Beispiel ist zehnmal unwahrscheinlicher als das mit der Figur oder der Steuererklärung. Aber ich probiere es, man muss auch mal große Ziele haben!

Diese Liste mache ich mir jetzt jeden Tag aufs Neue (kommt gleich auf die To-do-Liste) und abends streiche ich dann ganz stolz alles, was ich nicht gemacht habe, durch. Vielleicht kommt ja mit wachsender Erfahrung, was ich alles lassen kann, noch das eine oder andere hinzu. Und wer weiß, vielleicht ergänze ich ja auch nach dem Urlaub meine Short und Long Lists mit der Not-to-do-Liste.

Wenn Sie noch nicht im Urlaub waren, probieren Sie es doch auch mal: Es liegen herrliche Zeiten vor uns, glauben Sie mir!

Protest to go

Letzte Woche habe ich die Panoramafreiheit gerettet, wussten Sie das eigentlich? Und vorletzte Woche habe ich dafür gesorgt, dass ein junger afghanischer Flüchtling dauerhaft bei seiner deutschen Familie in Niedersachsen bleiben durfte. Und es war gar nicht so schwer: Ein beherzter Klick auf der Online-Petitions-Website www.change.org und schon war ich politisch engagiert und mit am Entscheidungsprozess in Brüssel und Oldenburg beteiligt. Ich liebe diese Mitmach-Websites, denn noch nie war es so einfach, für oder gegen etwas zu sein! Musste man sich früher noch mit Plakataktionen auf Marktplätzen und vor Supermärkten die Beine in den Bauch stehen und Leute dazu animieren, wenigstens mal kurz, ganz kurz nur, stehenzubleiben und zuzuhören, reicht heute eine schöne Seite und ruckzuck hat man das Interesse von Millionen von Internetnutzern geweckt. Die wiederum freuen sich, dass sie zur Meinungskundgabe nun nicht mal mehr ihren Schreibtisch oder die Couch oder gar das Bett verlassen müssen. Klick, Meinung sagen, wohlfühlen, weiterpennen. Toll!

Auf diese Weise gebe ich regelmäßig meine Stimme gegen TTIP ab – das kann man ja gar nicht oft genug tun, finde ich -, und versuche gerade zu erwirken, dass die EU endlich dafür sorgt, dass Supermärkte ihr unverkauftes Essen spenden anstatt es wegzuwerfen. 40 kg pro Tag und pro Supermarkt sollen das sein! Und so lange ich das tue, muss ich auch nicht darüber nachdenken, was bei uns zuhause so alles im Müll landet. Sehr praktisch! Natürlich habe ich auch schon für die Petition „Bundestag: #Fracking gesetzlich verbieten – Ausgfrackt is!" geklickt, und das nicht nur wegen des schönen Namens der Bittschrift.

Es tut einfach gut, am Schreibtisch zu sitzen und zu wissen, dass man auf der richtigen Seite ist und zwar ohne viel weiteren Info-Schnickschnack, denn dafür fehlt dann wirklich die Zeit. Davon haben aber andere offenbar mehr als genug: Kaum ein Thema, zu dem nicht irgendwer eine kleine Petition verfasst hätte:

So kann man auf openpetition.de seine Stimme dafür abgeben, dass der Fernsehsender Prosieben MAXX die deutsche Lizenz für „Dragonball" erwerben soll. „Dragonball erfreut sich in der ganzen Welt großer Beliebtheit. Allein im April des Jahres 2002 erreichte

Dragonball Z bei 13- bis 29-Jährigen einen Marktanteil von 1,3 Millionen. Auch heute gibt es noch tausende Fans, die sehnlichst auf eine deutsche Veröffentlichung hoffen", heißt es in der Begründung. Während ich keinen Schimmer habe, was das ist, haben schon fast 30.000 dafür gestimmt! Ob sich Prosieben allerdings derart ins Fernsehgeschäft pfuschen lässt, weiß ich nicht. Bei der Petition „Lanz raus aus meinem Rundfunkbeitrag" jedenfalls hat es nicht geholfen, obwohl mehr als 230.000 engagierte Talkshow-Zuschauer unterzeichnet hatten. Schneller als das wäre wohl nur noch gewesen, einfach umzuschalten und Markus Lanz alleine weiterreden zu lassen. Aber so allein mit seinem Protest, das ist ja auch nicht schön.

Neben vielen sinnvollen Petitionen gibt es auch sehr merkwürdige Dinge, für oder gegen die man sein kann. Man lernt nie aus, wenn man sich so durchklickt: So wehrt sich die Stadt München immer noch erfolgreich gegen Stolpersteine! Das kann doch nicht sein – Klick, die sollen sich bloß nicht so anstellen! Ich bin dafür, dass auch die bayrische Landeshauptstadt ihren Anteil am Gedenken trägt. Und selbstverständlich möchte ich auch, dass die Gustavstraße in Fürth erhalten wird. Da war ich zwar noch nie, aber wenn ich mal hin will, sollte sie schon noch da sein. Klick! Ich stimme für einen „fairen Umgang mit Kunst und Kultur in Bad Segeberg", mein roter Bruder wird es mir sicher danken! Klick! Und natürlich beteilige ich mich auch an der Rettung der Spätis und Berlins einmaliger Kiez-Kultur. Ich meine, ich gehe fast jedes Mal, wenn ich in Berlin bin, zu einem Späti, und das ist mindestens einmal im Jahr. Klick!

Wissenschaftler haben allerdings festgestellt, dass der digitale Aktivismus nach dem Mausklick endet, was nicht verwunderlich ist, denn es wartet ja schon die nächste Petition. Oder der nächste Schlussverkauf bei schuhpaket.de. „Nur wenige beschäftigen sich auch nach Unterzeichnung noch weiter mit dem gerade unterzeichneten Thema. Das ‚Commitment', also die Verbindung zum Thema, ist sehr gering", heißt es dazu. Kann sein, aber geklickt ist geklickt! Wofür Sie übrigens tatsächlich mal klicken sollten ist diese Petition „Zeigt allen Respekt – schafft das BILD-Girl ab! #BILDsexism". Das ist jetzt mal echt richtig wichtig. Wirklich!

Schönrederei

Endlich! Es ist soweit! Meine Lieblingsfrauenzeitschrift, in feministischen Kreisen häufig despektierlich „Frigitte" genannt, hat eine weitere Leserinnengruppe ins Visier genommen. Frauen Ü60, wie man heute so schön sagt. Sie tut dies mit dem flotten Spruch: „Das Magazin für die dritte Lebenshälfte", und als ich das so las, dachte ich, upps, irgendwas stimmt hier nicht. Nun war ich ja in Mathe nie so richtig gut, aber wenn ich mir eins gemerkt habe, dann dass es von einem Ganzen nie mehr als zwei Hälften gibt. Drei Hälften sind anderthalb, und wäre man nun bösartig, müsste man der Brigitte unterstellen, sie sei der Meinung, das Leben sei mit sechzig, also wenn dann lesetechnisch die ersten beiden Hälften um sind, erstmal zu Ende und man müsste dann auf irgendein Zusatzleben hoffen, den Nachschlag gewissermaßen. Aber das will die Brigitte natürlich nicht damit sagen, im Gegenteil: Brigitte postuliert „Alter? Ich nenne es Leben für Fortgeschrittene" und reiht sich mit der „arithmetisch unkonventionellen Formulierung" (schade, dass ich diesen Begriff nicht schon zu Schulzeiten gekannt habe – er hätte mich so oft retten können!) nahtlos ein in die schöne Welt der Euphemismen, die tagtäglich neue Blüten treibt.

Euphemismen sind schöne Wörter für etwas, das nicht so erbaulich ist; kein Wunder also, dass sie vielfältig eingesetzt werden und dass irgendwie jeder dafür auch ein bisschen empfänglich ist. Da wäre natürlich die Schönheitsbranche, die speziell bei uns Frauen zwar stets was optimieren will, aber nicht sagen darf, dass es etwas zu optimieren gibt. Nun wissen wir ja alle, die es uns betrifft, dass wir nicht voll schlank sind, nur weil wir vollschlank sind, aber was spricht denn schon gegen eine schöne Rubensfigur? So langsam frage auch ich mich, ab wann wir Frauen eigentlich in den „besten Jahren" sind. Etwa wenn wir die neue „Brigitte Wir" lesen (die ab 60, Sie wissen schon) oder schon früher, bei „Brigitte Woman" (dem Magazin ab 50!)? Und wie ist das denn bei den Männern? Fangen bei denen die „besten Jahre" früher oder später an? Und ist es erstrebenswert, marketingtechnisch in die die Gruppe der „Best Ager" aufzusteigen oder gar den Rang eines „Master Consumers" zu erringen. Wobei ich zugeben muss, dass dieser Begriff, zumindest was mich betrifft, nicht an ein bestimmtes Alter gebunden ist. Aber all das sind Begriffe für die Generation Ü50, denen damit, wie es in einer Kritik heißt, vorgegaukelt werde, dass das beste Alter nach dem 50. Geburtstag beginne, was eine irreführende Vorstellung sei. Ich sage nur, es kommt drauf an, was man draus macht.

Auch in anderen Bereichen gibt es immer wieder schöne Euphemismen, in der Politik zum Beispiel. „Schnelle Antworten sind aufgrund der hohen Kompetenzdichte nicht zu erwarten", hörte ich letztens in den Nachrichten. Will sagen, alle wissen was, aber keiner etwas Relevantes. Oder wenn Herr Schäuble sagt, er könne nicht ausschließen, dass jeder Einzelne mehr Eigenverantwortung übernehmen müsse, dann wissen wir schon, wohin die Reise geht. Übersetzt heißt das nämlich „Ihr sollt mehr aus eigener Tasche zahlen, und das ist auch schon beschlossene Sache". Ganz schlimm wird es aber bekanntlich, wenn seine Chefin, Frau Merkel, jemandem ihr Vertrauen ausspricht. Oder gar ihr vollstes. Eine Statistik besagt, dass durchschnittlich 193 Tage nach einem solchen Vertrauensbeweis in 64,71 % der Fälle ein Rücktritt folgt. Apropos „zurück": Der schöne Begriff „Rückführung in das Heimatland" meint natürlich nichts anderes als „Abschiebung", klingt dagegen aber so richtig gemütlich, oder? Von den vielzitierten Kollateralschäden wollen wir hier mal schweigen, vielmehr wenden wir uns der Wirtschaft zu: Wenn die Bosse von „Nullwachstum" „Personalfreisetzung" oder „Abwicklung" sprechen, hören sich „Verlust", „Entlassungen" und „Firmenschließung" doch gar nicht mehr so schlimm an, oder? Dumm nur, dass sie es trotzdem bleiben. Zum Beispiel für den dort beschäftigten „Facility Manager", einst Hausmeister, oder die „Raumpflegerin" gerne auch „Lady Müllfort" genannt, was ja aber irgendwie auch wieder ganz goldig klingt.

Zum Abschluss dieser erbaulichen Runde verrate ich Ihnen noch, wie es mein Mann geschafft hat, mich seinerzeit aus der florierenden Barockstadt Fulda nach Altenburg zu locken. Er flüsterte er mir ins gewillte Ohr: „Weißt du, Traudi, Altenburg ist das Schwabing von Alsfeld." Was daran ein Euphemismus ist, fragen Sie sich – das fragt er sich auch!

Schönrechnerei

Neulich in Berlin. Ich besuchte ein Seminar und übernachtete bei meiner Freundin. Wir waren am Abend in der Stadt verabredet und ich hatte noch zehn Minuten Zeit. Da ging doch was! Nichts wie rein in die „Shoe City", dachte ich mir, steuerte zielstrebig, geradezu magisch angezogen, auf ein Paar dunkelrote Stiefel zu, die unter zigtausend anderen Schuhen in der Hauptstadt nur auf mich gewartet hatten. In Windeseile musste ich mich entscheiden. Brauchte ich diese Schuhe? Natürlich nicht, aber diese Frage stellte sich auch gar nicht, vielmehr die: Konnte ich mir diese Schuhe leisten? Ratter, ratter, ratter! Es begann das große (Frauen-) Rechnen:

Also, ich hatte den Frühbucher-Rabatt der Bahn genutzt und dazu noch die Nutella-Bahn-Card 25%. Nun weiß natürlich weder irgendein Mitarbeiter bei der Bahn, was ich da genau gespart hatte, noch konnte ich es selbst ausrechnen, aber es musste doch eine ganze Menge gewesen sein, dachte ich. Also, mindestens für einen Schuh sollte es reichen. So weit, so gut. Der andere Schuh: Ich sparte zwei Hotelübernachtungen, weil ich ja bei meiner Freundin schlief. Und ich war soeben auf der Fahrt vom Seminar in die Stadt nicht beim (natürlich notgedrungenen) Schwarzfahren erwischt worden. 60 Euro gespart! Ach ja, und das Seminar kostete bei dem linksalternativen Anbieter nur so viel wie man bezahlen wollte. Ich hatte für das Tagesseminar die für mittlere Verdiener vorgeschlagene Summe von 50 Euro geboten – ein Klacks, im Vergleich zu dem, was man sonst so zahlt.

Am Ende dieser schnellen Rechnung hatte ich, Sie werden es sich denken, so viel Geld gespart, dass ich mir locker noch ein zweites Paar Schuhe hätte kaufen können, aber dazu fehlte mir dann doch die Zeit. Bester Laune über so viel Ersparnis in nur zehn Minuten lud ich meine Freundin erst einmal zu einem Aperol in einer nahegelegenen Bar ein, und natürlich freute auch sie sich mit mir über so viel Wirtschaftlichkeit, die umso schöner ist, wenn sie in Form von dunkelroten Stiefeln daherkommt. Für den Rest der Ersparnis fiel mir natürlich im Lauf des nächsten günstigen Seminar- und Abreisetages auch noch etwas ein, schließlich kommt einem in der Hauptstadt die Versuchung ja quasi bis auf den Bahnsteig hinterher. Dumm nur, dass, während ich noch schnell einen flauschigen Bademantel in einem der netten Geschäfte auf der oberen Ebene erwarb und die dazugehörige Kundenkarte speziell für Powershopper beantragte, um den einmaligen Rabatt von fünf Euro zu ergattern, auf der unteren Ebene mein Zug in Richtung Heimat davonfuhr. Da hatte ich mich doch glatt ein wenig mit der Zeit verrechnet... Nachdem ich mich von diesem Schreck erholt hatte, erwies sich die Nutella-Bahncard wieder als sehr hilfreich beim Nachlösen der neuen Fahrtkarte. Das damit Ersparte investierte ich aber dieses Mal nur teilweise - in einen Kaffee. Den hatte ich mir aber auch echt verdient!

Ja, ja, mit dem Rechnen ist das ja so eine Sache. Heute wird ja wieder die Uhr umgestellt. Jetzt mal Hand aufs Herz: Wissen Sie auf Anhieb, ob die Uhr vor- oder zurückgedreht wird, ob wir nun eine Stunde kürzer oder länger schlafen dürfen oder, ganz schwierig, ob es nun früher hell und später dunkel oder umgekehrt wird oder ganz anders? Und wenn Sie es wussten, sind Sie Männlein oder Weiblein? Ich bin ja gegen so Geschlechterklischees, aber ich würde jetzt mal behaupten, dass Männer das eher wissen als Frauen, oder? Eine kleine spontane Umfrage bei der Friseurin meines Vertrauens, wo ich während des Einwirkens der Haarfarbe an dieser Kolumne schrieb, bestätigte diesen Verdacht und sorgte für kleinere Diskussionen, wie man sich das jetzt wohl am besten merken könnte. Was nun aber die Ausgangszeit ist, also ob die Winterzeit nun die eigentlich richtige Zeit ist oder die Sommerzeit, und wofür das Ganze heute noch gut ist, außer zur Verwirrung des Biorhythmus, speziell von Kindern und Haustieren, das wusste auch keiner mehr. Und selbst ich als versierte Expertin kann mir diesen Unsinn nicht schönrechnen. Ich versuch's mal mit Schöntrinken – ich glaube, dazu wäre heute Nacht eine Stunde länger Zeit...

Traudi Schlitt: Alles Gute

... oder wie man mit ein wenig Wahnsinn gut durchs Jahr kommt

In ihrem ersten Buch nimmt Traudi Schlitt ihre Leserinnen und Leser mit in die Welt des Alltags und seiner Tücken. Die Kolumnistin der Oberhessischen Zeitung spricht offen über ihre problematische Beziehung zum FC Bayern und ihre Schwierigkeiten im ständigen Kampf gegen die Zeit. Auch über ihre ganz persönliche Situation als Hausfrau und On-Off-Emanze denkt sie regelmäßig und meistens zur Freude ihres Publikums nach.

50 Kolumnen hat Traudi Schlitt im Jahr 2014 unter dem Titel „Alles Gute" erstmals in ein Buch gepackt.

ISBN: 9783734736872

Preis: 7,99 Euro

Traudi Schlitt: Alles bestens

... der Wahnsinn geht weiter

Unverdrossen hat sich Traudi Schlitt dem Alltag auf die Spur begeben, die Langsamkeit entdeckt (und wieder vergessen) und die beiden weiblichen Kernkompetenzen „Schönrechnerei" und „Schönrednerei" gelüftet. In ihrem zweiten Buch spricht die Kolumnistin über ihre schwierige Kindheit als Stöpselkind, sie offenbart ihr Diätgeheimnis und erklärt sich solidarisch mit Karl Lagerfelds ehemaliger Haltung zu Bequemkleidung.

50 neue Kolumnen hat Traudi Schlitt im Jahr 2015 unter dem Titel „Alles bestens" als Nachfolger ihres Erstlings „Alles Gute" veröffentlicht.

ISBN: 9783739207037

Preis: 8,-- Euro

Traudi Schlitt: Läuft!

...Neues von der Alltagsfront.

Das Leben schreitet unerbittlich voran und macht vor nichts Halt: Auch Traudi Schlitt kämpft weiter mit den Tücken des Alltags, und ihr „Läuft" könnte durchaus ironisch zu verstehen sein. in ihrem dritten Kolumnenband lüftet sie nicht nur Kleopatras Schönheitsgeheimnis, nein, sie gibt auch Tipps zur ultimativen Faschingsverkleidung, blickt zurück auf die Einführung des Frauenwahlrechts (die allerdings vor Erscheinen des Buches stattfand) und widmet sich den ersten Wechseljahres-beschwerden. In der ein oder anderen Kolumne sollen sich auch Männer wiederfinden ....

50 neue Kolumnen hat Traudi Schlitt im Jahr 2017 unter dem Titel „Läuft" als Nachfolger von „Alles bestens" und „Alles Gute" veröffentlicht.

ISBN: 9783739207037

Preis: 8,-- Euro

Traudi Schlitt: Gerne

Überleben in irren Zeiten.

Mit „Gerne!" legt Traudi Schlitt den vierten Band ihrer Kolumnensammlung vor. Sie berichtet von ihren Kämpfen mit der Nachhaltigkeit, den Klimaxtagen oder den Filterfunktionen und verarbeitet ihre Pandemie-erfahrungen. Als Bonusmaterial gibt es Texte, die nach einer intensiven Handtaschenrecherche entstanden sind. Dabei wird mehr als nur ein Geheimnis gelüftet.

86 neue Kolumnen hat Traudi Schlitt im Jahr2021 unter dem Titel „Gerne!" als Nachfolger von „Alles bestens", „Alles Gute" und „Läuft!" veröffentlicht.

ISBN: 9783755701835

Preis: 12,-- Euro

Tobias Gremmel und Traudi Schlitt: Hinterhöfe

Alsfelds kleine Fluchten

Gemeinsam mit dem Fotografen Tobias Gremmel hat sich Traudi Schlitt auf den Weg gemacht, Alsfelder Hinterhöfe zu erkunden. Was er fotografisch an wundersamen Ecken, überraschenden Details und ganz viel Heimatliebe zusammengetragen hat, hat sie mit Gedankenschnipseln versehen.

Ein Buch für alle Menschen, die Alsfeld auf eine neue Art und Weise entdecken wollen. Oder die es einfach so lieben.

ISBN: 9783754359990

Preis: 20,-- Euro

Traudi Schlitt

und

Victoria Wittek:

Handschuhgeschichten

Gesucht und gefunden oder für immer vermisst. Liegengelassen, geschunden, gehegt, voller Erinnerungen, edel und vornehm, dreckig und zerschlissen – all das können sie sein: Handschuhe! Man braucht sie für tausend verschiedene Dinge, und so unterschiedlich ihre Einsatzgebiete sind – bei der Müllabfuhr, in der Oper, auf der Baustelle, im OP, in der Kälte, auf der Hochzeit – sie sind immer, immer als das zu erkennen, was sie sind: Handschuhe.

Victoria Wittek hat Handschuhe und ihre wahren Geschichten gesammelt, sie hat sie katalogisiert, fotografiert, in die Sonne gestellt, in Rahmen gespannt, sie gezeichnet und angemalt, sie in Silber gegossen und im Computer verzerrt. Die Vielfalt der Fingerkleider hat sie damit nicht nur interpretiert, sondern auch erweitert. Mit schönen, geheimnisvollen, witzigen und manchmal auch traurigen Worten hat Traudi Schlitt ihren Bildern von Handschuhen Ausdruck verliehen. Worte und Bilder ergeben ein Kaleidoskop an Handschuh-Impressionen.

Wozu? Zur Inspiration, zur Muße. Zum Fühlen. Zur Unterhaltung und vielleicht auch zur Wertschätzung eines oft unterschätzten Begleiters, den man hier mit neuen Augen sieht.

„Handschuhgeschichten" ist ein selbstgemachtes Kunstwerk, das Freude macht. Es gibt es mit oder ohne silbernen Handschuh.

ISBN: 9783929359275

Preis: 39,-- Euro (ohne Schmuck), 52,-- Euro (mit Schmuck)

Erhältlich nur bei Victoria Wittek und Traudi Schlitt

Traudi Schlitt wurde 1967 im osthessischen Fulda geboren und wuchs in dem kleinen Dorf Heubach glücklich mit zwei Geschwistern inmitten eines EDEKA-Ladens auf, wo sie sich bevorzugt hinter der Wursttheke und vor dem Süßigkeitenregal aufhielt. Seit vielen Jahren lebt sie mit Mann, Kindern, Hund und Schwiegermutter in Alsfeld im Vogelsberg und freut sich fast jeden Tag ihres Lebens. An den anderen Tagen versucht sie es zumindest. Sie ist begeisterte Alsfelderin, Kleinstädterin, Vereinsmeierin. Sie liebt es, in ihrem Städtchen unterwegs zu sein, Menschen zu treffen und Ideen für ihre Kolumnen und ihren Krimi zu sammeln.

Vier Bücher mit Kolumnen sind bisher erschienen, und auch an den Festschriften zum 500. Geburtstag des Rathauses und zum 800-jährigen Bestehen der Stadt Alsfeld hat sie mitgewirkt.

Mit „Tod im Beinhaus" legt sie ihren ersten Alsfeld-Krimi vor.

Neues von Traudi Schlitt gibt es (fast immer) alle zwei
Wochen auf ihrer Website www.traudi-schlitt.de.

Wer ihre Kolumnen als Newsletter abonnieren möchte, der
kann dies tun unter info@traudi-schlitt.de